Escuchar a Iraq

Escuchar a Iraq

Abel Ruiz de León

Con la colaboración de

Dirección editorial: Leopoldo Blume
Coordinación editorial: Cristina Rodríguez Fischer
Fotografías y textos: Abel Ruiz de León
Edición de textos: Marcela Ospina
Edición de fotografía: Abel Ruiz de León y Leopoldo Blume
Diseño, maquetación y microsite: 40gurus.es
Positivado en blanco y negro: Juan Manuel Castro Prieto y Paco Gómez
Fotomecánica: Leicrom, Barcelona
Impresión: Plan B Barcelona Press, Montcada i Reixach (Barcelona)

Primera edición 2006

© 2006 Art Blume, S.L.
Av. Mare de Déu de Lorda, 20,
08034 Barcelona
Tel. 93 205 40 00 Fax 93 205 14 41
E-mail: info@blume.net
© de las fotografías y los textos Abel Ruiz de León

I.S.B.N.: 84-9801-076-4
Depósito legal: B. 12.119-2006
Impreso en España

www.blume.net/iraq
www.blume.net

Con la colaboración de

Agradecimientos del autor

Este libro no hubiera sido posible sin la entereza, la fortaleza y la dignidad mostradas por las gentes que en sus páginas aparecen. Ellos son los únicos protagonistas de esta historia.

Pero también es una realidad gracias a la colaboración, el trabajo y la sensibilidad de otras personas.

Como Hussen Maheen, mi Sancho Panza en Iraq, mi Lazarillo en la indomable Bagdad.

A la Obra Social y Cultural de Caja Duero, cuyos miembros creyeron desde siempre en este proyecto y lo arroparon, demostrando unas dotes ya inexistentes en el mundo, como la paciencia y el sentido de la libertad y la independencia.

A Julia Moreno de Vega por su comprensión y colaboración.

Mi gratitud a todos aquellos que en algún momento del proceso se unieron al proyecto para sumar.

A aquellos que me acompañaron en el trabajo en los días más frenéticos, y que me dieron fuerzas para seguir poniendo voz a las gentes de Iraq.

A los narcisos que no ven más allá de su ombligo. A los rehenes de las tradiciones, incapaces de abrir sus mentes más allá de un hermoso y esbelto minarete o un caudaloso río.

A aquellos que dieron su vida por la normalización del país. Y a todos los que allí viven entre el estruendo de las bombas, el sonido de las balas y la imposición.

CONTENIDO

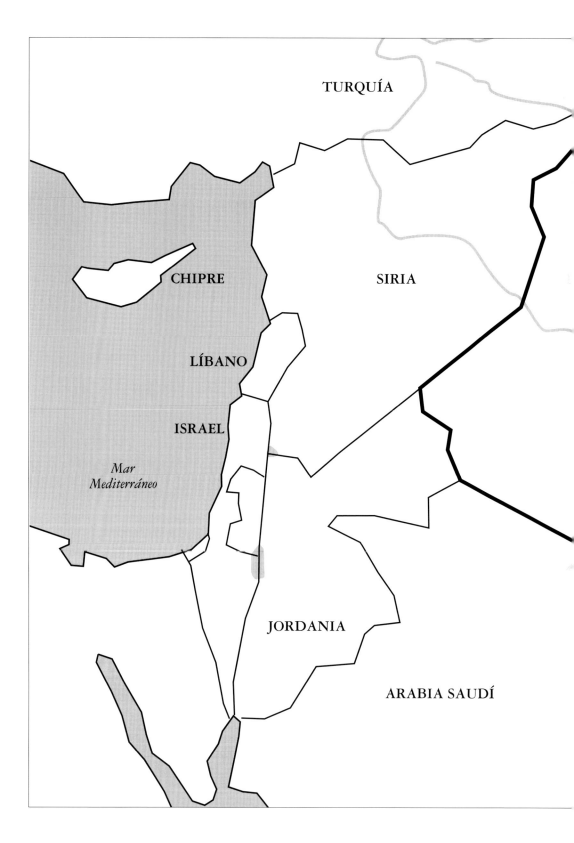

TURQUÍA

CHIPRE

SIRIA

LÍBANO

ISRAEL

*Mar
Mediterráneo*

JORDANIA

ARABIA SAUDÍ

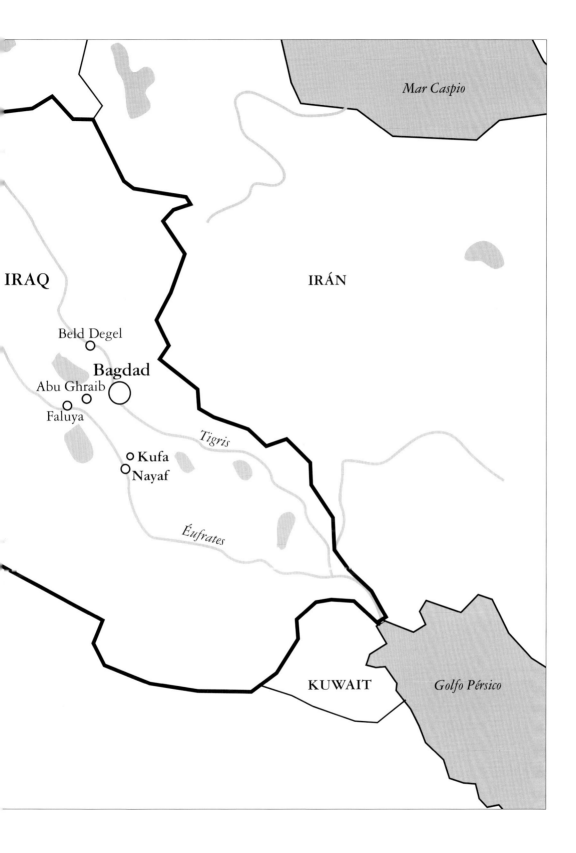

Prólogo

Madrid-Bagdad, España-Iraq, distintas perspectivas de dos países con realidades diferentes unidas por un mismo problema, el dolor ante la muerte de seres inocentes.

En marzo de 2004 se produjo en Madrid el mayor atentado terrorista de la historia con resultado de muerte cometido en suelo europeo, la mayor tragedia contra la población desde la Guerra Civil (1936-1939) llevado a cabo por la intolerancia, el fanatismo y el fundamentalismo religioso de unos pocos, causando la muerte de 191 personas y heridas, de muy diversa consideración y gravedad, a más de 1.755.

En marzo de 2003 comenzó en Iraq una guerra contra una coalición angloamericana, con una posterior ocupación del país por dicha unión, y una reacción popular contra la misma; desde aquel mes de marzo de 2003, el horror y la tragedia se han ido apoderando permanentemente de los habitantes de las distintas ciudades de la antigua Mesopotamia. El deterioro de la estabilidad interna del país ha dado lugar a un futuro incierto para una población que depende, en gran medida, de la principal riqueza que se encuentra en el subsuelo como son los hidrocarburos y el petróleo. Tras la destrucción de las infraestructuras, el 65 % de la población se encuentra actualmente en el paro, habiendo sufrido, ésta a la postre, desde hace décadas distintas sanciones internacionales por la política armamentística de los gobernantes.

Las respuestas que se plantean a los interrogantes suscitados ante las perspectivas de los países y sus gentes son muy diferentes. En España, aquel aciago día 11 de marzo de 2004 dio lugar a una movilización de la sociedad en general (fuera del debate político) sin precedentes en nuestra historia, se pusieron en funcionamiento todos los resortes del Estado de Derecho para la investigación de lo sucedido. El trabajo, impecablemente realizado por los Cuerpos y Fuerzas de Seguridad del Estado, ha posibilitado que en 2006 conozcamos quienes idearon, prepararon y ejecutaron los hechos en principio mencionados, y sobre todo, que aquellas personas que perdieron la vida y las que han quedado sin movilidad o mutiladas reciban una respuesta a su dolor, se vean amparadas por sus conciudadanos y su calidad de vida no se vea mermada, pues la atención familiar, médica y psicológica se han prestado desde el principio.

Este libro de Abel Ruiz de León nos presenta el horror permanente, sin dramatismo, del día a día de los niños, mujeres, hombres y ancianos iraquíes, de los distintos aspectos de la condición humana, superación ante las adversidades, generosidad frente a los reveses de la vida, curiosidad frente al riesgo, consuelo en la religión, altruismo y sacrificio por ayudar a otros, formación escolar y universitaria frente a lucha armada..., así como los más abyectos y primitivos instintos del ser humano.

Este lado humano, que existe detrás de cada una de las historias contadas y anónimas, es el que verdaderamente importa. A muchos de ellos les es imposible averiguar lo acontecido al ser diarias las muertes ocasionadas por la resistencia y las fuerzas de ocupación. La inestabilidad no ayuda en el esclarecimiento de la verdad. Los ancianos reflexionan sobre la inseguridad interior, sobre la intervención, sobre los diferentes atentados de terroristas suicidas o sobre el lanzamiento indiscriminado de misiles. «La destrucción y la muerte no se asimilan. La guerra fue una sorpresa para todos los iraquíes», pero tienen la ilusión y el interés de que «...un día volverá a ser un lugar civilizado».

Lo que nos diferencia de las personas que son capaces de cometer hechos tan dramáticos es el valor a la vida y el respeto al otro, que nos guiemos por la aplicación estricta de la ley. La respuesta jurídica tiene que venir desde el sosiego, no por la conmoción o inmediatez de lo acontecido, pero la inestabilidad en Iraq lo impide. La atención que prestamos a los desvalidos no debe ser sólo física, sino cercana. De esta forma podemos atender sus necesidades anímicas, laborales, de incorporación con sus limitaciones a una sociedad de la que nunca se han ido.

Olga Emma Sánchez Gómez

Fiscal de la Audiencia Nacional

Sin noticias de Iraq

Mientras el gobierno de Estados Unidos continúa justificando la presencia de sus tropas en Iraq, la violencia sigue condicionando parte del día a día en el país. Más de tres años (2003-2006) después del inicio de los bombardeos, cada semana mueren decenas de civiles por fuego estadounidense y a causa de los atentados de la resistencia. En las noticias, la mayoría de las víctimas se presentan como presuntos insurgentes, y otros, como civiles a los que, a pesar de ser inocentes, no se les dedica más de un par de líneas en los frenéticos relatos de guerra.

Escuchar a Iraq intenta dar voz a los olvidados por las crónicas periodísticas. A los marginados por las prisas informativas, a quienes no han empuñado las armas para defender sus ideales, sus hogares o un país. A los protagonistas de cientos de sueños que se quedaron en el camino. A quienes muestran su dolor sin odio. A quienes dan prueba de sosiego y templanza incluso ante los peores reveses de la vida. Después de meses de trabajo en la zona, de cientos de kilómetros recorridos e innumerables experiencias vividas, la más positiva de las enseñanzas recibidas ha sido la lección de dignidad impartida por todas estas víctimas, por una vez protagonistas.

En estas páginas tienen nombre y apellido; edad y familia; una dirección; barrio o localidad en su país. Y son ellos quienes por una vez levantan la voz. Quieren ser oídos por aquellos a quienes no sólo interesan los diarios de guerra, el resultado de la batalla, los metros avanzados por un tanque o la estadística de una lista de bajas.

Durante los primeros meses de la invasión centenares de familias fueron seccionadas por los ataques. Mujeres, ancianos y niños murieron bajo sus techos. Los supervivientes, entre los que se cuentan numerosos amputados, debieron soportar la destrucción de sus hogares y lugares de trabajo, y la imposibilidad de refugiarse en sitios seguros. Con el fin de la dictadura y la caída de la estatua de Sadam se dio paso a una violenta transición, pero no al ocaso de las hostilidades. Comenzó un nuevo período marcado por los atentados de grupos armados iraquíes y la incapacidad de los estadounidenses de imponer el orden. Del triángulo suní huyeron cientos de familias dejando atrás columnas de humo y el sonido de las armas.

El fin del régimen iraquí dejó al descubierto los horrores de la dictadura. Los supervivientes hablan ahora sin temor de las torturas en las prisiones. Los familiares de los miles de desaparecidos tratan de esclarecer sus muertes. Algunos logran recobrar la paz interior al recuperar los cuerpos de sus seres queridos. Los cadáveres aún esparcidos en las fosas comunes del desierto son la memoria de un pasado reciente y doloroso.

En las páginas de este libro escucharemos las historias del pueblo iraquí que ha sufrido la invasión. A través de los relatos, seremos testigos de las consecuencias de los bombardeos y los ataques indiscriminados, para luego atender a las voces y ver los rostros de las víctimas del período que siguió a la toma de Bagdad, que debía traer calma y nuevos horizontes para la población. Finalmente, se desvelarán los testimonios de quienes soportaron los abusos de Sadam Husein, al igual que las palabras de los lisiados de guerra y los generales que firmaron, con el partido Baaz en el poder, miles de detenciones. Ahora han perdido su posición social y sus privilegios. Todos ellos, sin distinción de clase o religión, tratan de recomponer sus vidas. Su vitalidad les ayuda a renacer de las cenizas.

Capítulo I

Vidas truncadas

Los nombres de las víctimas civiles iraquíes pasan inadvertidos y casi nunca se mencionan sus apellidos. Sus rostros aparecen fugazmente en los informativos junto a sus viviendas convertidas en escombros. Encogidos en los rincones de sus casas han soportado los bombardeos que han destruido calles residenciales y mercados repletos de inocentes. Barrios de la periferia de Bagdad han sido arrasados sin ninguna justificación, pues la resistencia armada no transitaba por sus calles.

El drama azota casi siempre a los más débiles, las víctimas se contabilizan como bajas colaterales, una cifra, una estadística generalmente mal registrada, inocentes que mueren en trayectorias mal trazadas, sujetos secundarios para los gobernantes que dirigen la invasión.

Los bombardeos dejan una pista de dolor fácilmente identificable: numerosas banderas negras con inscripciones en árabe en cientos de fachadas. Luto de puertas adentro; de cara a la calle dignidad y resignación. Ni siquiera el rencor y la venganza son vocablos utilizados entre las víctimas.

Centenares de personas sobreviven para dar cuenta de sus vidas truncadas y sus sueños irrealizables. La mayoría están lisiados desde los días próximos a la toma oficial de la capital iraquí, cuando los carros de combate arrasaban cualquier vestigio de resistencia. Muchos, incluso familias enteras, cayeron abatidos en fuegos cruzados mientras trataban de huir hacia lugares más seguros. Otros, sencillamente, fueron víctimas de la inexperiencia de los soldados estadounidenses, incapaces de hacer frente al caos.

Los hospitales se ven saturados. En medio de la precariedad sanitaria, no hay tregua para los médicos y tampoco para los heridos. Las urgencias están colapsadas y los pasillos se convierten en quirófanos. Los cadáveres se entierran provisionalmente en las cunetas de la carretera, y las tumbas improvisadas se marcan con estacas anónimas para no llamar la atención.

Sólo después de la primera fase en los bombardeos los fallecidos reciben una sepultura digna. Algunas familias emprenden un peregrinaje mortuorio hacia Nayaf, la ciudad santa, para enterrar a sus muertos en uno de los cementerios chiíes más imponentes del mundo. El regreso es un volver a empezar. Comienzan de cero, porque no hay trabajo ni ingresos económicos. Sólo el intercambio y algunas ayudas familiares permiten a los más desfavorecidos salir adelante.

Los niños no van a la escuela. No hay seguridad. Ningún lugar de la ciudad está a salvo de las bombas. Caravanas de coches se pierden en el horizonte; es la diáspora provocada por los ataques. Atrás quedan las columnas de humo, el fuego que calcina los edificios gubernamentales y los saqueos.

A pesar de las extremas circunstancias que se producen en el país, un importante grupo de cooperantes, diplomáticos y periodistas continúa su esfuerzo por dignificar las vidas de las víctimas y sensibilizar a los lectores sobre la realidad del drama humano en Iraq. El 8 de abril de 2003, a escasas 24 horas de la caída del régimen de Sadam Husein, tres periodistas, el español José Couso, el ucraniano Taras Protsyuk y el corresponsal Tarek Ayub, mueren por disparos de las fuerzas estadounidenses mientras cumplían con su labor de mostrarle al mundo esta absurda y espantosa invasión.

"Vivimos aquí gracias a la caridad de mis vecinos."

Huda Muhamd

Huda Muhamd pasea por el jardín de su casa destruida por las bombas el día de la liberación de Bagdad.
Viuda desde antes de la guerra y con 47 años, sueña poder volver un día a la que fue su casa. En la actualidad
vive de alquiler y gracias a la ayuda de sus vecinos.

Huda Muhamd está viva de milagro. La guerra pasa sin producirles un rasguño, ni a ella, ni a sus hijos Frah, de 18 años, y Abe, de 17, pero arruina sus vidas y la de sus vecinos. Al anochecer del 10 de abril un estruendo tira abajo cristales y muros. El último día, cuando la invasión parece haber finalizado, la guerra llega a Al Atefeia, un barrio de clase media de Bagdad, de mayoría chií y puerta natural del desierto por la que avanzan las tropas estadounidenses.

Los blindados controlan buena parte de la ciudad, cortan carreteras, siembran trincheras y traen el desconcierto a la población. Los soldados dejan bombas trampa por su camino. La población permanece resguardada en sus casas. Nadie puede salir. Muchos perecen en estas primeras horas intentando huir a casas de familiares en pequeñas localidades cercanas a la ciudad. Cuando la oscuridad se apodera del barrio, un misil rompe la tensión de horas. Cae sobre un grupo de viviendas habitadas por familias acomodadas, pero alejadas de los lujos. La deflagración no produce muertos, pero sí un buen número de heridos. Aquella noche del 10 de abril casi un centenar de familias tuvo que abandonar precipitadamente su barrio. Ni Huda ni sus compañeras de casa de alquiler tienen constancia de la muerte de nadie, pero sí saben de quince heridos que fueron llevados de urgencia a los hospitales. Entre ellos, Hussen, de 24 años, y Auss, de 22, miembros de la familia de acogida. Los cristales de las ventanas se clavaron en sus caras y en otras partes de sus cuerpos.

El primero de ellos se gana hoy la vida en la calle y, cuando puede, trae algo de dinero a casa. El segundo ha vuelto a la escuela. Los cristales le dejaron una huella que espera que cicatrice pronto. Ahora todos comparten el mismo techo.

Vivimos aquí gracias a la caridad de mis vecinos, en una casa limítrofe a la anterior. Apenas pago un alquiler, y mi hogar está en ruinas y sin posibilidades de restauración.

Lejos queda la comodidad de su vieja vivienda de grandes muros y dos plantas que albergaba a toda una familia, hoy dividida. Ahora la imagen es desoladora. Sólo queda un par de palmeras en pie que sirve para tender la ropa. No hay nada que pueda reutilizarse. Por eso intenta visitar lo menos posible el lugar.

Huda no espera nada del futuro. Sólo recibir ayudas, sobrevivir, salir adelante como pueda. Colocar a sus hijos en buenos trabajos para que traigan algo de dinero a casa. A pesar de la situación, reconoce que algunas cosas han mejorado respecto a los tiempos de Sadam.

Hay algo más de trabajo, aunque todo relacionado con los extranjeros. Pero la seguridad es peor. Todo es más caro, aunque mi principal problema es haberme quedado sin casa.

A diario, se pregunta por las ayudas prometidas en su día por el ejército estadounidense a las víctimas.

Cada día me pregunto por qué los países no ayudan a la gente de Iraq. Las organizaciones humanitarias tampoco quieren saber nada de nosotros. Tenemos que compartir una casa porque es la única forma de subsistir.

"Mi marido y mi hijo estaban juntos en la calle en ese momento."

Duncha Mussen

Duncha Mussen y su familia en su casa, en el barrio bagdadí de Al Shaila. Un misil estadounidense
la dejó viuda con apenas 24 años y al cargo de sus dos hijas. La explosión mató a su marido y al mayor
de sus hijos.

Duncha Mussen perdió toda su inocencia durante el ataque estadounidense al barrio popular donde reside. 62 personas fallecieron en la ofensiva.

La cara de Duncha parece la de una anciana, rasgada y entristecida. Perdió a su marido, Hamer Abdal, y a su hijo mayor, de solamente 7 años, Amjed, durante el ataque al mercado de Al Nasser, el 28 de marzo de 2003.

Mi marido y mi hijo estaban juntos en la calle en ese momento. Muy pronto nos enteramos de la muerte de Amjed. Por eso intentamos localizar al padre sin saber que estaban abrazados el uno al otro. Se dirigían a casa a cenar. Sus cuerpos estaban irreconocibles. Llegaron muertos al hospital, no tengo dudas.

Las facciones de Duncha son duras como las de Shamsah y Najcha, abuelas de sus hijos. Las tres dejan pasar las horas sobre una vieja alfombra, ataviadas con el *abah*.

Duncha está actualmente al cuidado de sus dos hijas menores, Ressel y Benem. Las dos pequeñas vivieron durante un tiempo con su abuelo Shamky en Abu Ghraib, un lugar seguro fuera de Bagdad, hasta que finalizaron los bombardeos. Duncha recuerda con tristeza:

En Al Shaila sólo vivimos gente pobre. Las bombas caycron cuando ya atardecía, en medio de los comercios, en el momento en que más gente había en la calle tratando de aprovisionarse de alimentos para soportar el asedio sobre la ciudad.

Encerrados en su pequeño salón, el abuelo Shamky recuerda sosegado las horas posteriores.

Los americanos no entienden nada, no quieren ayudarnos. Nosotros nos defendemos con armas, pero no podemos hacer nada. Ellos quieren nuestro petróleo para llenar sus tanques y disparar sus cañones de forma indiscriminada entre la población inocente.

Los días difíciles no han pasado todavía para esta familia chií. Ninguno de los adultos de la casa trabaja. Sobreviven con las ayudas de los familiares y los reducidos ingresos que el abuelo Shamky obtiene.

Después de la guerra, los precios de los alimentos básicos son aún más caros. No hay dinero, tampoco trabajo. Quedan algunos pequeños ahorros, pero cuando se agoten estas existencias no saben qué harán.

"Tuvimos de todo y ahora aprendemos a vivir con lo necesario."

Mada Fadhil

Mada Fadhil trata de reconstruir su vivienda. Divorciada, profesora universitaria en paro
y química de profesión, no soporta ver a los peones detener su trabajo para rezar a Ála.

Mada Fadhil es química y madre de tres hijos. Es fuerte e independiente. Su estado civil de divorciada la diferencia de las demás mujeres. En Iraq no es habitual dejar al marido. Seis años antes de los bombardeos se ganaba la vida como profesora en la universidad. El 7 de abril de 2003 un proyectil cayó en su vecindario, destruyó su lujosa casa y acabó con la vida de quince personas.

Muchos inocentes murieron en los intentos por abatir a Odey Husein, hijo de Sadam. Fue una historia de «bajas colaterales» que tuvo uno de sus capítulos más sangrientos en el barrio Al Mansur de Bagdad. Decididos a atrapar a Odey, los estadounidenses lanzaron un ataque aéreo contra el restaurante Al Sahad, habitual centro de reuniones y comidas de Estado. Fallan y él escapa. Meses después es abatido junto a su hermano en una operación militar basada en informes llegados del propio entorno de Husein. Pero el proyectil destruyó viviendas y vidas a su paso.

Mada Fadhil preparaba el almuerzo con su familia en su amplia cocina, donde solían reunirse a menudo. Cuando el artefacto cayó, todo saltó por los aires. Los cristales de las ventanas, rotos en mil pedazos, causaron estragos entre los habitantes de su hogar. Mada resultó herida en la cara y en los ojos. Camas, alfombras y mobiliario de las viviendas adyacentes acabaron en el jardín de su mansión.

Su profesión y el proyectil que casi destruyó su hogar la convirtieron en una mujer popular en Bagdad. Desde aquel día, la prensa acudía a diario a su casa en ruinas para interrogarla sobre los daños ocasionados y por el fantasmal programa de armas químicas iraquí que supuestamente justificó esta guerra.

No sé si realmente existió un programa de armas de destrucción masiva. No lo creo. Además, realmente nunca vinieron soldados a preguntarme, sólo periodistas. No les debe interesar mucho.

Al concluir la liberación de Bagdad, militares estadounidenses se acercaron al lugar. Las cuatro casas contiguas habían quedado asoladas por completo y sus habitantes habían perecido, entre ellos ancianos, mujeres y niños. La casa de Mada, la más rica y amplia del lugar, sólo resultó parcialmente destruida, pero ella se lamentaba con más fuerza que los más desfavorecidos. Tuvo casi todo y ahora trata de aprender a vivir con lo necesario.

Días después del ataque, en el barrio corría como la pólvora el rumor de que los estadounidenses pensaban que en alguna de esas viviendas se escondía el propio Sadam. Era uno de tantos bulos que recorrían el país de norte a sur y que sólo finalizó con la detención de Sadam en el interior de un zulo, escondido en una pequeña granja cerca de su añorada Tickrit.

Cuatro personas murieron en la casa contigua a la de Mada. Todavía recuerda atormentada cómo algunos de los cadáveres aparecieron en su jardín.

Preguntadle a Aznar por qué dejó caer aquí un misil. Es horrible, todo está destruido. Todos en el barrio queremos saber el motivo que llevó a los americanos a derruir nuestras vidas.

Mada vive hoy con su padre, Fadhil Selman, de 86 años, sordo y dependiente de su hija. Antes trabajaba para el gobierno como ingeniero civil. Construía canales de riego y desagües.

Cuando a la hora del almuerzo saltó por los aires y su espalda golpeó bruscamente el suelo, perdió la poca capacidad que le quedaba para escuchar y mantener una conversación. Un hijo de Mada, Ehah, de 20 años, vive también en el hogar, pero ella teme que pronto quiera emprender un nuevo camino.

Antes de la fatídica fecha, bajo su techo también vivían su madre, hermanos, sobrinos y cuñados. Sus hijos jugaban y estudiaban a diario con la ayuda de un ordenador. Ahora piensa que tardará una eternidad en llegar el día en que recupere cosas tan básicas como la luz, el agua o el gas.

Hoy en día, su única motivación parece ser recuperar el brillo de su vivienda. Cree que si consigue devolverle todo su esplendor volverán también los buenos tiempos, los juegos compartidos, la paz y el bienestar perdido.

"Estábamos preparando el café
y entonces sonó el estruendo."

Mohamed Nife

Mohamed Nife, de 63 años, vende golosinas en un viejo garaje situado bajo su casa.
Un ataque estadounidense le dejó viudo y al cargo de ocho hijos.

La curiosidad, la necesidad de información de primera mano y la voluntad de salvar vidas llevaron a la muerte a decenas de personas en la guerra de Iraq.

El 7 de abril, durante los bombardeos en el barrio de Al Baiaa de Bagdad, Mohamed Nife, de 63 años, enviudó; Maheda Beden, de 52, perdió a su hijo, como Jamad Al Nasar, quien también vio morir a su vástago de 17 años. Ese mismo día los misiles acabaron con la vida de 45 personas de distinta condición, sexo, edad y credo; todos civiles, ninguno armado ni combatiente de la resistencia. Algunos vecinos del lugar aseguran que la cifra alcanza un número superior a los 60 muertos.

Mohamed Nife

Aquel día Mohamed decidió no abrir su pequeña tienda de golosinas improvisada en el garaje de su casa. Los niños suníes, chiíes, cristianos y kurdos que antes de entrar en la escuela compraban al viejo Mohamed algún caramelo o fruta fresca para tomar a la hora del recreo no habían asistido a las aulas.

El colegio estaba cerrado. Los padres permanecían temerosos en sus casas esperando un desenlace final. La ciudad parecía estar a punto de someterse a la ocupación estadounidense. Las jornadas junto a los transistores se hacían eternas en miles de hogares. La mujer de Mohamed, Hameda Aliy, tenía 52 años; había dado a luz a ocho hijos, cuatro hombres y cuatro mujeres. Siempre se encargaba de las labores del hogar. A veces ayudaba a su marido en la tienda, aunque a él no le gustaba que su esposa trabajara en contacto permanente con la gente.

El ataque estadounidense se produjo a las tres y media. Casi cuando ya habíamos terminado de comer, estábamos preparando el café. Entonces sonó el primer estruendo. Casi nos deja paralizados. Luego la segunda explosión, pocos instantes después. Parecía haber sido lanzada a traición. El misil nos sorprendió por la espalda. Atravesó tejados, cayó en la calle y causó una gran explosión.

El primer misil estalló prácticamente en la puerta de su casa. La familia Nife pudo contemplar la secuencia entera de los hechos, la conmoción, el caos y, finalmente, todo el dolor.

Muchas personas se juntaron en un instante en la calle, concentrados en muy pocos metros cuadrados. Inmediatamente llegó el segundo misil. Sorprendió a los vecinos de improviso. La mayoría murió.

Mi mujer se acercó a la puerta de la calle a ver el misil. La metralla de la segunda explosión atravesó la puerta y la mató en el acto. Nada pudimos hacer.

Dos de sus hijos, Amed y Zead, resultaron también heridos en el mismo incidente. Los demás salieron ilesos a pesar de la cercanía de la detonación. En el ataque, muy cerca de allí, cuatro miembros más de la familia de Mohamed fueron asesinados: su hermana, el marido y sus dos hijas.

Todavía recuerda con angustia los diez días que el cadáver de su esposa esperó en el hospital. No pudo enterrarla antes porque las carreteras que conducían al cementerio estaban bloqueadas por el ejército. Eran peligrosas, pues en ellas se daban numerosos intercambios de disparos con la resistencia.

Pasado ese tiempo pude llevar a mi mujer hasta Al Kuther, a 50 kilómetros de aquí, donde está enterrada.

Cuando las circunstancias de esta dura posguerra se lo permiten y los bombardeos cesan, acude con flores hasta su tumba.

El bombardeo causó efectos devastadores en, al menos, una decena de casas. Todos los vecinos aportaron víctimas a la lista de bajas. Cerca del lugar no había ningún cuartel o palacio de Sadam Husein. Sólo una pequeña madraza llamada Am Qusser, cuyos estudiantes alegran aún hoy las mañanas de Mohamed.

Ellos nada tienen que ver con el ejército ni las guerras.

En la zona se agrupaban pequeñas casas, en las que habitaban familias de clase modesta. Colegios y pequeñas tiendas. Sin la presencia de cuarteles del ejército iraquí la probabilidad del error humano tenía difícil justificación.

A pesar del dolor y de la guerra, Mohamed continúa ganándose la vida vendiendo golosinas. El colegio, situado a 50 metros, le da una cierta estabilidad en los ingresos económicos mensuales. Con el misil toda la tienda se vino abajo. Mohamed tuvo que cambiar los cristales. Gastó más de cien dólares en reparar los daños. Demasiado para su frágil economía.

Cada día desde aquel 7 de abril abre las puertas de su tienda sujetas por cordales, apoya las repisas en pequeños clavos, alimenta el frigorífico con un ruidoso generador y pesa la fruta con una antigua balanza. Luego, al caer el sol, cierra su garaje y contempla la metralla aún presente en la puerta y la fachada de la casa.

No hay dinero para reconstruir mi hogar. Ni del gobierno estadounidense ni del iraquí. He enviado cartas a ambos solicitando respuestas, pero no llegan. Tampoco las organizaciones humanitarias me dan ninguna salida.

El anciano Mohamed ha puesto una bandera negra en el exterior de su vivienda. Señal del luto habitual para los chiíes, que recuerda con una inscripción el fallecimiento de su mujer, en ese lugar y de forma violenta. Como no quiere contagiar su dolor a sus ocho hijos, alivia su pena conversando de vez en cuando con los vecinos, castigados por las mismas bombas.

Maheda Beden lamenta la muerte de Besan, causada por los misiles estadounidenses. A pesar del dolor, cada día cuida de su marido y sus siete hijos. Su pertenencia a la iglesia Manda le ayuda a superar este trance.

Maheda Beden

En la misma calle de la tienda de golosinas, tres puertas hacia el norte, en la acera contraria, Mohamed deja escapar parte de su dolor durante las largas charlas con su vecina Maheda Beden. Sus distintas religiones no les alejan, su pena les acerca.

Tiene 52 años y es madre de seis mujeres y un varón, todos ellos con edades comprendidas entre los 15 y los 32 años. Dos de ellos van a la universidad. Las penalidades económicas obligaron no hace mucho a dos de sus hijas a dejar los estudios. Su marido Hassan trabaja en el mercado.

Al igual que a la mujer de Mohamed, la bomba les sorprendió cuando acudieron a la puerta para ver los daños que había provocado el primer misil. Explotó en la entrada, sin dejar escapatoria. Toda la familia salió despedida y cayó golpeando el suelo violentamente. Besan, el segundo hijo varón, perdió la vida.

A su madre el mayor dolor se lo provoca el recuerdo del cadáver, guardado diez días en un lugar frío, cedido por un amigo. La foto de Besan preside el salón del hogar desde aquel día. La habitación es sencilla, sin ningún tipo de inscripción, ni referencia religiosa. La decoración es austera. Hay grietas en cada rincón. La cocina, próxima a la puerta, quedó inservible. Desde entonces preparan la comida con una pequeña bombona, que tratan de dosificar para mantener los gastos al mínimo.

Desde la muerte no superada de su hijo, Maheda acude a diario una hora al cementerio. Allí arregla su tumba, cambia las flores, riega las plantas y retira las ramas que la acosan.

El futuro de la familia se presenta oscuro. Las penurias económicas les asaltan. Sólo tienen los ingresos irregulares del empleo en el mercado de su marido, y una subvención que le concede el gobierno provisional iraquí.

Casi todos los días hablo con Mohamed y con numerosas mujeres de la zona, todas en mi misma situación. Allá donde mire siempre veo a madres de familia que perdieron, al menos, a un ser querido aquel día.

Cuando sus diferentes sensibilidades religiosas le impiden conversar con sus vecinos busca refugio en la iglesia Manda, donde se concentran regularmente los seguidores de la secta de los sabios[1] a la que pertenece la familia.

Nuestra comunidad aparece citada hasta tres veces en el Corán. Estamos cerca de los ríos, de donde proviene la vida. El agua es nuestra principal fuente de energía y sobre ella nos apoyamos.

Los domingos celebran sus principales ritos. Por eso acude hasta la iglesia, a las afueras de la ciudad, a orillas de un pequeño riachuelo, nacido del río Tigris. Dentro de sus muros busca conversación y algo de paz.

El Kenza Raba, el libro sagrado, es la única señal en la casa de Maheda que ofrece pistas sobre su pertenencia a esta secta. La mujer toma el libro con ternura y reza en voz alta, en presencia de dos de sus hijas y tres de sus nietas. Deja de llorar. Pide al profeta Ehell que ofrezca amparo a su hijo fallecido y le reúna con él, allí donde desembocan los ríos que dan vida a los suyos y garantizan la vida eterna.

[1] Según sus líderes, existen hasta 125.000 personas que practican esta religión en Iraq, también presente en países como Estados Unidos, Canadá, Australia, Noruega, Suecia e Irán. Durante el régimen de Sadam Husein sus adeptos no tuvieron problemas para convivir con la mayoría musulmana; aun así son unos grandes desconocidos. Odey Husein, hijo del dictador, obligó a traducir al árabe los escritos del Kenza Raba, el libro sagrado. Durante el mandato de su padre también realizó numerosos encargos a «los sabios» para que le diseñaran piezas en oro. Esta comunidad es famosa en Bagdad por el trabajo y el comercio del metal. Controlan las joyerías que se concentran en el barrio de Al Krada, donde a menudo recibían la visita de la familia Husein para gastar buena parte de su fortuna.

Una gran fotografía de Belal Jamad preside su tumba en el cementerio suní de Shake Maaraf, en Alkarka, Bagdad. Su familia llora su muerte.

Jamad Al Nasar

Belal Jamad perdió la vida a sus 17 años al intentar socorrer a sus amigos que vivían en las casas vecinas, camaradas como a él le gustaba llamarles, con quienes jugó y compartió escuela durante años. Belal era buen estudiante. Quería estudiar medicina. Era musulmán practicante. Su padre, Jamad Al Nasar, recuerda sus bondades.

Era un chico muy bueno. La prueba es que murió porque quiso salir a ayudar a sus vecinos y amigos, como haría todo buen musulmán. Después de hablar con muchos de ellos tenemos claro que los estadounidenses dejaron caer desde los helicópteros las bombas de forma continua, no accidental.

A Jamad, el padre, se le hace un nudo la garganta. No puede continuar el relato. Aquel día le trastorna. El insomnio se apodera de él cada noche. Se desvela preguntándose por los objetivos reales de aquellos dos misiles.

La madre había puesto la comida. No recuerdo el motivo, pero almorzamos más tarde de lo normal. Belal escuchó el misil y salió rápido a ayudar. Sabía que había explotado cerca.

El segundo misil, cinco minutos más tarde, acabó con su hijo. El sonido hizo retumbar todos los cimientos del hogar. Ni Jamad ni Reeah, el mayor de los tres hijos que aún viven, fueron capaces de asomarse a la calle hasta pasados diez minutos. El temor les paralizaba.

Salieron recelosos. Vieron los cadáveres en la acera. Se apresuraron a tomar el cuerpo de Belal y a introducirlo en una ambulancia. Su hermano lo condujo hasta un hospital del centro de Bagdad. Los médicos nada pudieron hacer, Belal llegó sin vida.

Su padre y su hermano tomaron su cadáver y cavaron una tumba en un descampado cercano a la ciudad, en una zona libre, llena de basura. Colocaron una estaca que serviría de referencia para después dar con su localización y poder enterrarlo definitivamente.

Durante 18 días temieron su profanación. Ocupada la ciudad por los estadounidenses, buscaron el cuerpo y le dieron sepultura en el cementerio suní de Shake Maaraf, en Alkarka, en el centro de Bagdad. La familia se queja de la falta de ayudas. La guerra fue una sorpresa para todos los iraquíes, dicen convencidos. La destrucción y los cientos de muertos y heridos no son fáciles de asimilar.

La contienda llevó al paro a Jamad, hasta hace poco empleado del ministerio de Información y periodista de uno de los pocos diarios[2] que existían durante el régimen, todos oficialistas. En uno de los múltiples panfletos que se reparten en los semáforos de Bagdad, llamado *Desstur*, colabora Jamad como periodista ocasional. Columnista invitado, por primera vez puede hablar sin tapujos, pero sin la perspectiva poderosa de un suní situado en las altas esferas de la prensa.

En su redacción se gana unos dinares de vez en cuando. Lejos quedó su puesto de redactor jefe en el periódico gubernamental. La crítica por entonces resultaba una utopía. Hoy está permitida, siempre que no vaya contra los intereses estadounidenses o fuera tachada de fundamentalista por el administrador civil de Estados Unidos para Iraq, Paul Bremer. Su decisión de cerrar el periódico *Al Huoza*, cercano al líder chií Al Sadder, provocó un levantamiento armado, aun hoy recordado.

Ahora no tengo nada. He perdido a mi segundo varón y mi empleo. Los ingresos económicos son insignificantes para sacar a mi familia adelante. Mis hijos no tienen trabajo. El futuro no puede ser peor.

Con Sadam su economía no era muy boyante, pero sobrevivían dignamente. En los tiempos actuales se quejan de tener aún menores ingresos, pero también del deterioro de la estabilidad interna en el país.

---

[2] Durante la dictadura de Sadam los periódicos en las calles se reducían a cinco escasas cabeceras, además de los existentes en la clandestinidad. *Al Jamahuria*, controlado por el gobierno; *Al Thawara*, por el partido Baaz de Husein; *Al Kadisia*, resaltaba los logros de la armada iraquí; *Al Iraq*, para la minoría kurda, y el diario *Babel*, capricho de Odey, hijo del presidente. Antes era imposible acceder a buena parte de las informaciones, todo estaba controlado. Ahora existen más de cien publicaciones sólo en la capital, no todas de calidad ni referencias informativas.

Antes el periodista podía acabar de trabajar tarde en la
redacción, tomar su coche de noche e ir tranquilamente a casa.
Ahora es imposible, si anochece te toca quedarte a dormir
en el diario. Los controles estadounidenses son muy peligrosos,
los soldados disparan fácilmente. No necesitamos su refugio.

Una vez al mes, Jamad, su esposa y sus hijos visitan la tumba de Belal.
Allí rezan al imán hasta ponerse el sol. A su regreso del cementerio detienen
el automóvil frente a la puerta de su casa. A lo lejos divisan a Mohamed
vendiendo golosinas a los niños. La calle está llena de banderas negras
colgadas en los muros de cada domicilio. Pintados sobre la tela oscura,
los rostros de las víctimas de la barbarie.

Son señales de luto. En tiempos de paz recuerdan la muerte de Husein,
tercer imán de los chiíes, quien entregó su sangre por hacer valer sus
derechos sobre el califato. Las tropas omeyas lo asesinaron. En épocas de
guerra su presencia advierte que en el interior de esa casa una familia ha
visto perecer a un hijo a causa de las bombas de los aliados.

"Un día Iraq volverá a ser un lugar civilizado."

Rady Husein

La familia Mosttaf se reúne junto a la mesa, un año después de la muerte del joven Thaier.
Los hombres visten el típico *abah* y rezan con ayuda de su *seebha* hasta la hora del almuerzo.

En el aniversario de la muerte de Thaier, las mujeres, de luto,
se reúnen en una habitación aparte de los hombres.

Durante la guerra y la violenta posguerra, cientos de familias entierran a sus muertos en el emblemático e imponente cementerio de Nayaf[3]. A este enorme camposanto, que parece perderse en el horizonte, se dirigen las familias de Thaier, Farees y Samer al cumplirse un año de su trágica muerte. En él encuentran un poco de paz en medio de las turbulencias de la contienda.

[3] Nayaf es una de las ciudades santas para la mayoría chií que conforma la sociedad iraquí. Escenario de algunas de sus más simbólicas leyendas, este pequeño enclave al sur del país es una meca para purificar el alma en medio de una zona árida y desértica. Su mezquita y su cementerio son un lugar señalado para millones de musulmanes del mundo. Allí descansan los restos del imán Alí, referencia espiritual de esta rama del islam. Esposo de Fátima y yerno de Mahoma, Alí origina la secesión entre chíies y suníes. Su orden en la línea sucesoria después de Mahoma divide desde hace siglos a las dos comunidades islámicas más importantes. Los chíies lo sitúan como el segundo, sus hermanos suníes como el cuarto. Según la historia, Alí muere asesinado en el año 661 en la mezquita de Kufa, y luego es enterrado en la vecina Nayaf.
Las dos ciudades son escenario de enfrentamientos entre las fuerzas de la coalición y los milicianos rebeldes, agrupados en la facción armada del Ejército del Madhi, seguidores del clérigo Moqtada Al Sadder. Enérgico y radical, Al Sadder es un líder contrario a la presencia de fuerzas internacionales, responsable y motor ideológico de la «chiifada». Cada viernes agita a las masas desde la mezquita de Kufa. Con el tiempo, estos lugares sagrados se han convertido en trincheras infranqueables. Los muros de estos templos acogen a los insurgentes. Sus salones son escenario de soflamas contra los aliados que ocupan Iraq. Los kalashnikov se alzan apuntando hacia sus regios techos, arengando a la lucha.

Familia Mosttaf

En el hogar de la familia Mosttaf se cumple un año de la muerte del soldado Thaier, de 21 años, quien perdió la vida el 26 de marzo de 2003 a causa de un misil. Sus padres, Ahmed y Kareah Abdulla, han querido organizar una recepción en su homenaje.

Desde muy temprana hora, los Mosttaf ofrecen su bienvenida a los asistentes, que en su mayoría proceden de Bagdad, y algunos de Bakuba. Todos son amigos o hermanos de sangre. Las mujeres van de riguroso luto y se concentran en una pequeña sala, al margen de los varones. Discuten sobre la forma más gustosa de hacer el guiso, evitando en lo posible que la madre de Thaier sienta el vacío de su hijo muerto.

Los hombres, por su parte, estudian la posibilidad de organizar un viaje hasta la ciudad santa de Nayaf. Intentan buscar vías económicas para desplazar a tantas personas y una fecha cómoda para todos. Vestidos con el tradicional *abah*, acarician el *seebha*, un rosario con forma de collar con el que se ayudan en el rezo. Sus plegarias ocupan buena parte del tiempo. Comerán y beberán té en las tazas que con tanto mimo Kareah guardaba para ocasiones especiales. Hubiera preferido estrenarlas para la boda de su hijo, pero el destino le obliga a utilizarlas el día del aniversario de su muerte.

En la tertulia sólo se habla del fallecido, de lo ocurrido hace un año. Se buscan salidas y ayudas para la familia. Se divaga sobre las dificultades de reparar el coche, de los bajos salarios y de la vida cotidiana, pero en ningún caso se discute de política. Eso supondría una ofensa para Ahmed, que a sus 62 años no quiere conversaciones acaloradas en su hogar, prefiere recordar a su hijo en una fecha tan señalada.

En un principio recibió la noticia de que su hijo estaba herido. Desde su casa escuchó caer el cohete. Enseguida recorrió los 200 metros que separaban su vivienda del mercado. Recuerda la confusión, el caos y la histeria, pero no pudo ver a su hijo.

El padre, que aquel día no fue a trabajar a la tienda de alimentos, donde se gana la vida desde hace 20 años, recuerda con tristeza:

Tenía vacaciones, no había nada que hacer durante la guerra. Un amigo suyo vino a recogerle y decidieron ir al mercado, para ver si encontraban algo interesante. Cuando salió por la puerta fue la última vez que lo vi con vida.

En un instante la calle Al Shaab se cubrió de figuras inertes, abrasadas por el calor de la deflagración. Treinta y seis cuerpos destrozados, mutilados, en un soplo que dejó sin vida todo un mercado. La metralla alcanzó la cabeza de Thaier. Desde el primer momento Ahmed se imaginó lo peor.

Como en el mercado no pude encontrar a mi hijo decidí esperar en casa. El tiempo se hizo eterno. Recé, me aferré a mis creencias hasta el último momento. En aquel instante no sabía que estaba en el hospital Amman, y que había llegado moribundo en un taxi.

En el aniversario de su muerte, Ahmed lleva en el bolsillo del pantalón el carné de soldado de su hijo. Aamer, hermano de la víctima, lo cogió de la camilla en la que estaba postrado Thaier, en un sucio pasillo del área de urgencias del centro hospitalario. Hoy es uno de los pocos recuerdos materiales que Ahmed mantiene de su hijo.

Su hermano emprendió cabizbajo el camino de regreso a casa. Una odisea peligrosa entre los bombardeos y los propios soldados iraquíes, que ubicaban barricadas en cada rincón de la ciudad. Al día siguiente, durante unas horas, los aviones estadounidenses dejaron de sobrevolar el lugar. La familia Mosttaf aprovechó el momento y acudió al centro sanitario para recuperar el cuerpo de Thaier. Durante un mes, agobiados por las bombas, dejaron el cadáver en un cementerio chií a 15 kilómetros de su domicilio. Pasados esos días consiguieron llevarlo a la ciudad santa de Nayaf.

El régimen de Sadam fue muy malo para los chiíes, es evidente. Pero la guerra trajo muertes, entre ellas la de mi hijo.

Los hombres coinciden en señalar su disgusto por la presencia de tropas aliadas en Iraq. Un miembro de la familia expone las necesidades más acuciantes.

Necesitamos ayudas, no tanques. El 65 % de la población está en paro. Deben crear industrias, de lo contrario muchos ministerios pararán.

Los ancianos mencionan la inseguridad interior como uno de los problemas más graves. Agachan la cabeza, guardan silencio y frotan intranquilos su rosario cuando se menciona la posibilidad de que una mujer ocupe la cartera de Defensa en el nuevo gobierno iraquí. Nayim, primo de la familia, asegura:

Los soldados son hombres y deben ser conducidos por hombres. La mujer puede ir a otro ministerio, pero no al que quiere Bremer. En Trabajo, Seguridad Social o Educación estaría bien, pero no en otro.

A Ahmed no le gusta que la conversación gire hacia temas políticos. Camina hacia la puerta del jardín y con tacto, pero con decisión firme, avisa a los invitados que la reunión finaliza. Han pasado casi diez horas. El próximo año será un homenaje sencillo, recogido y mucho más económico. Los padres ya tienen fecha de visita a Thaier en el cementerio de Nayaf; tal vez allí coincidan con las familias de Farees y Samer.

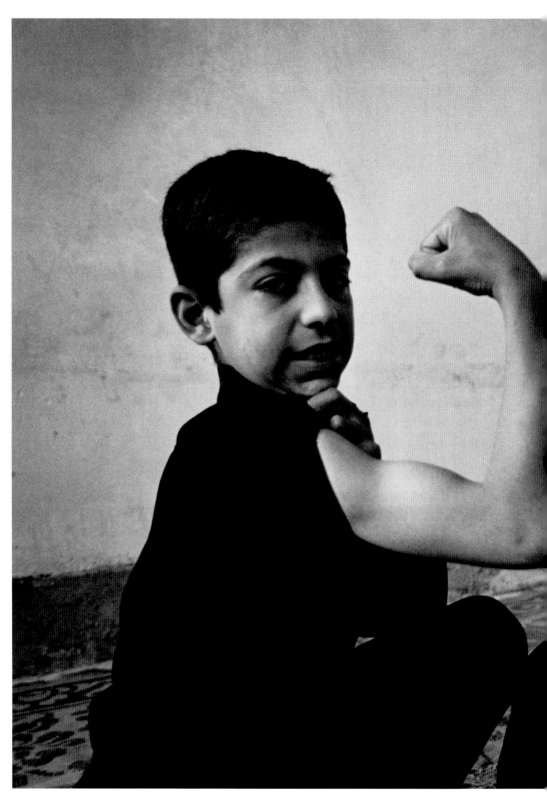

Los pequeños Saif y Sayah muestran su fortaleza a la cámara. Su padre Farees falleció al caer una bomba cuando trabajaba en un taller mecánico de Bagdad.

Familia Rasheed

En la matanza causada por los dos cohetes en el mercado de Al Shaab hubo clientes y comerciantes. Farees Rasheed perdió la vida en el mismo ataque. A las 11.00 horas trabajaba en su taller de reparación de coches, arreglando uno de esos viejos automóviles que circulan entre el caos de Bagdad. El vehículo aplastó su cuerpo. Murió en el acto.

Farees estaba casado y era padre de dos niños y una niña. Su mujer Behida guarda el luto; sus hijos también visten de negro a pesar de su corta edad. La viuda, que afronta el cuidado de su familia sin trabajo, sin recursos económicos y con la única ayuda de su primo, que se ha quedado con el negocio y obtiene algo de dinero entre la familia de Bagdad, se pregunta por el futuro.

¿Traen ayuda los estadounidenses? Vinieron a cambiar el gobierno y se están llevando nuestra gasolina. Mucha gente se ha unido por eso a la resistencia.

Desde el gobierno estadounidense no se han pedido disculpas a las víctimas de los bombardeos como el de Al Shaab. Ni por la destrucción de sus negocios o casas ni por la muerte de sus familiares. A Behida no se le ocurre poner precio a la muerte de su marido. Alí, su vecino de negocio, es más pragmático. Sus planteamientos existenciales se reducen a la necesidad de dinero para subsistir:

Con el 80 % del coste de lo destruido me conformo.

Alí no se escapó de la metralla, pero sólo resultó herido en una pierna. Antes de que los cohetes se precipitaran entró a la tienda a recoger una alfombrilla de las que vende, para el interior de un vehículo. Los muros le salvaron la vida, pero fue el primero en ver el cadáver de su vecino Farees, y fue uno de los más activos en intentar sacarlo de los escombros.

Behida reside en el barrio de Al Rasidia, un gueto humilde, a las afueras de la gran urbe. Las calles están sin asfaltar, no hay electricidad y la suciedad se acumula sin que nadie la recoja. Su casa cuenta con sólo dos habitaciones; el ladrillo está a primera vista y los suelos tienen humedad. Behida y sus tres hijos duermen sobre la alfombra a modo de improvisada cama.

El menor, de sólo 6 años, es revoltoso y aspira a convertirse en un miembro de la resistencia. A su madre el comentario no le gusta nada. No los educa en ese sentido. Quiere que vayan al colegio y, si fuera posible, a la universidad. De momento, los dos hermanos varones van a la misma escuela, la hermana mayor, a una institución femenina. Pero Behida no sabe hasta cuándo va a poder garantizarles la enseñanza.

El empeño de la madre porque sus hijos estudien, su mente abierta y la preocupación porque ninguno de ellos se vea atraído por el camino de la lucha armada la convencieron para autorizar que una organización no gubernamental se llevara a sus hijos 15 días a Tokio. En total nueve niños iraquíes fueron los afortunados que convivieron con otros menores, con problemas parecidos, procedentes de nueve países.

Behida ya tiene organizado un viaje al cementerio de Nayaf para rezar al cuerpo de su marido. Uno de sus hermanos paga los 50 dólares que cubren el alquiler de un autobús. Realiza así un acto de gratitud con su cuñado. Se trata de un importante desembolso. Como muchos chiíes, se concentran en casa del difunto a primera hora de la mañana, y desde allí emprenden el viaje de casi cuatro horas hasta el cementerio. En el camposanto coinciden con la familia Husein.

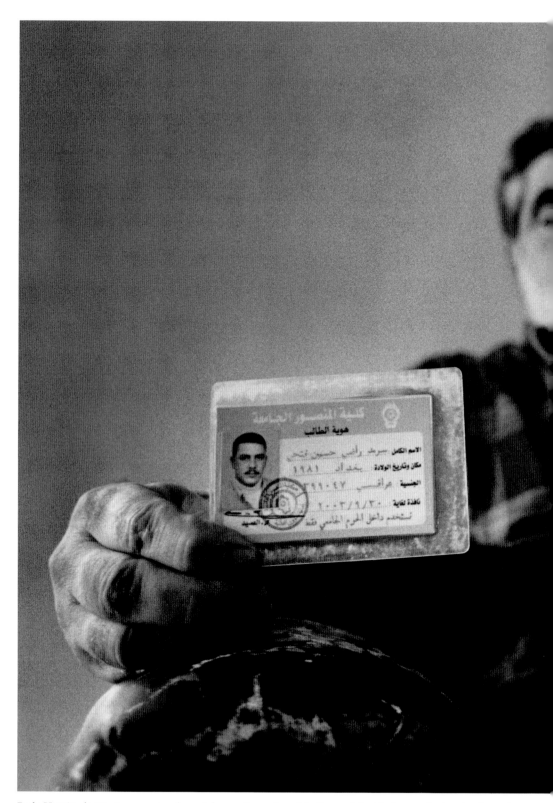

Rady Husein, de 50 años, muestra el carné de estudiante de su hijo Samer, fallecido durante los bombardeos sobre la capital de Iraq. Su hermano pequeño, sentado junto a su padre, guarda un gran parecido físico con el fallecido.

Familia Husein

Antes de morir, Samer recorría a diario toda la ciudad para llegar hasta el distrito de Al Mansur, mucho más adinerado que el suyo, donde se encuentran algunos de los mejores colegios de Bagdad. Samer era buen estudiante. A su padre Rady, de 50 años, le gustaba que sus hijos se formaran en las mejores escuelas.

Un día Iraq volverá a ser un lugar civilizado y sólo las personas con mayor preparación podrán ser protagonistas de su futuro, y dirigir el país hacia la prosperidad.

Cuando salía de clase, Samer siempre dedicaba tiempo a trabajar durante algunas horas en la tienda de electricidad que regentaba su padre. Aquel 26 de marzo no había clases por los sucesivos bombardeos. A las 10.00 horas tomó prestado el coche de Rady, pues quería coger equipos eléctricos del local para protegerlos de los ataques de los aviones. Cuando estaba abriendo la reja del establecimiento el cohete se precipitó sobre el lugar.

Al igual que Farees y Thaier, Samer pereció en el acto. Como en tantos casos similares durante la guerra, fallecieron decenas de inocentes. En la zona no existía ningún blanco militar.

Parece difícil creer en el fallo humano cuando fueron dos los cohetes lanzados contra la misma zona.

La historia de la familia parece calcada a la de sus vecinos: éstos también debieron esperar dos meses para poder trasladar los restos de su hijo hasta el camposanto de Nayaf. Todo ese tiempo su cuerpo descansó en un cementerio común en la periferia de Bagdad, compartido por suníes, kurdos, cristianos y chiíes. Estos días de aniversario de la muerte de su hijo preparan su peregrinaje purificador a Nayaf, como cualquier clan chií.

Rady trata de superar sus penas un año después en compañía de sus otros tres hijos, aunque ninguno podrá sustituir al mayor de ellos.

Con la llegada de los estadounidenses hemos perdido al primogénito de la familia, el desempleo asola a la población y los precios se han multiplicado, haciéndose inaccesibles para la mayoría de los iraquíes. No sé por qué vamos a querer aquí aún más tiempo la presencia de los americanos.

La muerte de Samer en la puerta de su tienda supuso un gran impacto para su padre. Por eso nunca pudo volver a trabajar en el lugar. Su fragilidad mental trajo como consecuencia la pérdida de la tienda. Ahora no tiene empleo. Con la explosión también se quedó sin automóvil. Rady calcula las pérdidas en diez millones de dinares iraquíes[4], nada comparado con el daño moral. El revés económico tardará mucho tiempo en poder superarlo. Enderezar la situación familiar es su reto más inmediato.

Mi hijo era mi amigo, charlaba con él a diario. El precio de cambiar el anterior régimen ha sido demasiado alto. Este Consejo de Gobierno actual no es representativo ni de tendencias ni de ningún iraquí.

Antes de la guerra, Rady ganaba un importante sueldo colaborando con el departamento de Industria del gobierno iraquí. Ahora, con un coche prestado, se gana unas monedas como taxista.

Con Sadam vivíamos bien. Mi hijo estaba con nosotros, tenía coche, trabajo, escuela, y acompañaba a su hermano menor al colegio. Tal vez cuando los estadounidenses se vayan la situación mejore.

[4](1 USD = 3.200 dinares iraquíes)

"Para una madre es penoso sobrevivir a su hija, pero peor es para una abuela sobrevivir a su nieta."

Wajeeha Toma

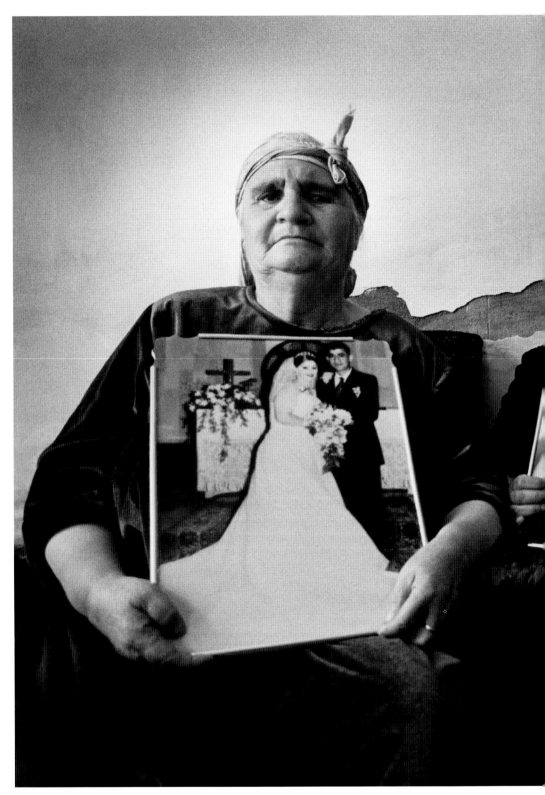

Wajeeha y Marzad Boales, madre y abuela de Weaim, muestran su retrato del día de su boda.
Casada a los 20 años, falleció cinco meses después de contraer matrimonio.

Wajeeha Toma, de 44 años, visita con el pequeño Yowsaf la tumba de su hija Weaim.

Weaim Wadeed llevaba sólo cinco meses casada. Acababa de dejar la casa de sus padres para emprender una nueva vida. A sus 20 años hacía planes para formar una familia con muchos niños, similar al hogar en el que se crió.

El 4 de abril de 2003, atemorizados por los aviones que sobrevolaban Bagdad, sus padres decidieron escapar hacia el norte de la ciudad para estar a salvo de los cazas estadounidenses. Emprendieron el viaje muy temprano, bajo una lluvia de bombas.

Weaim prefirió permanecer en su nuevo domicilio, una vivienda de alquiler de precio asequible, cortesía de unos amigos de la familia. Optó por esperar a que su marido regresara de trabajar. En aquellos días él llegaba muy tarde. Estaba contratado como camillero de un servicio de ambulancias y desde que empezaron las hostilidades las jornadas se habían hecho interminables.

Vivían en el barrio de Narria, un rincón pobre al sureste de Bagdad habitado por gente modesta, trabajadora y olvidada durante la dictadura. Unas ochenta familias cristianas como la de Weaim habitaban en casas humildes que daban forma al barrio. Los vecinos se conocían y acudían juntos a misa todos los domingos. En las puertas de sus hogares los adultos conversaban y trataban de emparejar a sus respectivos hijos, mientras los más pequeños jugaban descalzos al balón con unos trapos viejos mal hilvanados.

Aquel 4 de abril el ruido de las explosiones fue incesante sobre la ciudad. Una primera bomba estalló cerca del domicilio y el cuñado de Weaim resultó herido. Al intentar socorrerle, Weaim fue sorprendida por un segundo proyectil. Tumbada en el suelo permaneció moribunda. No pudo reaccionar a los intentos de socorro de las personas que querían ofrecer auxilio a los heridos y consuelo a los familiares. A pesar de la conmoción, algunos vecinos la llevaron a los médicos aún viva.

Su esposo regresó a las 20.00 horas. Se enteró de lo sucedido al verla en el hospital. Durante más de una hora fue intervenida, pero falleció sin salir del quirófano. Desde ese día, su madre Wajeeha Toma, de 44 años, no se quita el luto.

Mi hija mayor era bonita y simpática. Su muerte tuvo consecuencias negativas en toda la familia. En la iglesia todos nos preguntan qué pasó. También a los hermanos, sus compañeros del colegio. Ya nada es igual.

En el barrio, la convivencia entre cristianos y musulmanes ha sido cordial. Muchos suníes se interesan casi a diario por la situación de la familia. Once meses después de los trágicos sucesos pudieron realizar una despedida cristiana. Celebraron una misa a la que acudieron muchos amigos, algunos musulmanes.

Nos prestaron su colaboración para hacer una ceremonia conjunta en recuerdo de todas las víctimas, sin distinción de religión o clase social.

La inestabilidad en el país le impide visitar la tumba de su hija tanto como le gustaría. Al recrudecerse los ataques va al cementerio cristiano de Bakuba una vez cada dos meses. El cuerpo, a unos 50 kilómetros, se encuentra muy lejos. La abuela Marzad Boales no tiene fuerzas para recorrer esa distancia.

Para ella es muy doloroso presentarse en el cementerio. Aún tiene muy presente sus recuerdos. Para una madre es penoso sobrevivir a su hija, pero peor es para una abuela sobrevivir a su nieta.

El cementerio alberga miles de cadáveres, muchos fallecidos en la guerra. En un primer momento, sus familias les dieron sepultura en nichos. Ahora, con más calma y algo de dinero, casi todos han trasladado sus cuerpos a tumbas.

Wajeeha recorre el camino hasta el cementerio en silencio. Su madre la espera en casa. Su marido trabaja con un pequeño carro vendiendo productos en la calle. Sólo la acompañan el primo de la víctima y su hijo Yowsaf, de 3 años, el más pequeño de los seis. Ajeno a todos los acontecimientos camina de la mano de su madre, asombrado por el lugar.

Wajeeha busca nerviosa la tumba de su hija. Todas son muy parecidas y al principio se equivoca. Al llegar permanece de pie unos momentos.

Luego se sienta sobre la piedra y comienza a limpiar la arena que, traída por las tormentas del desierto, apenas deja ver la cruz sobre la lápida. En una pequeña urna de cristal la familia ha guardado una foto y mensajes de amor para la eternidad. Al verla rompe a llorar mientras el pequeño Yowsaf sufre frente al desconsuelo de su madre. Se pregunta por qué la guerra tuvo que minar su vida. La inseguridad desde hace un año no ha permitido que sus hijos acudan al colegio, un lugar donde aprendían convivencia y respeto, y que compartían con cientos de niños de su edad, de religión musulmana.

Cuando las bombas cesen y la seguridad se restaure ellos volverán a clase como de costumbre. Ahora es demasiado pronto. Anoche mismo se escucharon cerca de casa explosiones muy fuertes, justo en la dirección de la escuela.

El futuro para la familia es incierto. El padre desempleado consigue ingresos ridículos con su viejo carro, por las calles de Narria. Tiene once hermanos, algunos trabajan fuera de Iraq, y de vez en cuando le ayudan económicamente a salir del paso.

"El ejército, que casi me arrebata la vida, puso todos los medios para devolvérmela."

Takreed Khather

Takreed Khather, de 44 años, herida de gravedad por las tropas estadounidenses el 8 de abril de 2003. Perdió varias falanges y sufre la amputación de su brazo izquierdo. En el incidente fallecieron su esposo, un hermano y un sobrino.

El 8 de abril de 2003 los blindados entraron en los suburbios de la periferia de Bagdad. Los más densos en población, humildes y populares. En el barrio de Al Ameen muchos vehículos fueron alcanzados cuando los vecinos intentaban huir. Las balas de los tanques atravesaron las carrocerías y provocaron una carnicería. Decenas de inocentes murieron junto a sus familiares, tiroteados, sin poder escapar de sus coches. Algunos perecieron abrasados por las llamas.

Takreed Khather, una mujer cristiana de 44 años, y su familia estaban en casa del abuelo. Acosados por la presencia de los soldados decidieron tomar el vehículo y buscar refugio en su propio domicilio. A mitad del camino, en una encrucijada de carreteras, se toparon con los soldados. Los militares dispararon contra el coche.

En medio de los tiros trataron de identificarse como cristianos. Creyeron que su religión les salvaría la vida. Pero el fuego continuó. Takreed cayó herida y mientras agonizaba se mantuvo abrazada a su hijo en los asientos delanteros del coche. Su marido, su hermano y un sobrino murieron en el acto. Conscientes del daño causado, los soldados reclamaron auxilio. Los helicópteros sanitarios no tardaron en llegar. Trataron de llevarlos a uno de sus hospitales, pero la población enfurecida lo impidió. Testigos del asesinato, los vecinos rodearon a los militares armados. Encolerizados por las muertes tomaron los cuerpos y los condujeron en sus propios automóviles hasta el hospital Al Kindy.

En estos días no había ningún tipo de control en las carreteras ni en los hospitales. Cuando llegamos me contaron que iba empapada en sangre. Para empeorar la situación, el centro estaba cerrado.

Regresaron a casa en medio de la batalla. En el lugar del tiroteo los soldados se ofrecieron voluntarios para socorrerles. Por aire, Takreed fue trasladada al hospital Al Rashin, al sur de la ciudad, donde recibió las primeras atenciones médicas, insuficientes para la gravedad de las lesiones. Moribunda y con el cuerpo destrozado fue llevada a Kuwait en un helicóptero del ejército estadounidense. Durante el trayecto viajó sedada, dormida y en calma después de tantas horas de tensión. Un manojo de tubos la mantenía enganchada a la vida. El mismo ejército que casi se la arrebata, puso todos los medios para tratar de devolvérsela.

Takreed ignoraba la suerte de su marido, de su hermano y de su sobrino. Tenía heridas de máxima gravedad en un brazo, la cabeza, la cadera y la pierna izquierda. En Kuwait fue operada en uno de los hospitales más avanzados de la región. Cuando recobró la conciencia le informaron de la muerte de algunos de los suyos.

Durante las semanas que estuvo hospitalizada, sus familiares y amigos buscaron el cadáver de su marido. Una vez recuperado, los soldados les obligaron a dejarlo abandonado en el lugar, enterrado junto a la cuneta de la carretera. Pasó un año hasta que Takreed pudo enterrar a su esposo en uno de los cementerios cristianos de la ciudad.

Estoy muy agradecida a los médicos que salvaron mi vida en Kuwait. No digo lo mismo de los soldados, por traer el dolor a mi familia.

El error de los soldados dejó marcas imborrables en esta mujer de sonrisa compasiva: el brazo izquierdo amputado a la altura del codo, tres falanges de la mano derecha mutiladas. Los daños en la cadera y en la pierna le impiden caminar con normalidad desde entonces. Su invalidez le cierra las puertas a numerosos trabajos.

Sólo uno de sus hijos está empleado; ahora trabaja en un taller de reparación de máquinas. Desde la muerte de su marido es el único sueldo fijo que llega al hogar. Insuficiente para mantener a cuatro chicas y otros dos varones. La iglesia del barrio ofrece su caridad a la familia. Siete dólares mensuales que deben ayudarles a sobrevivir.

No tenemos dinero para casi nada. Los estadounidenses no colaboran de ninguna forma a pesar de haber provocado todos nuestros males.

"La Media Luna Roja me pidió el nombre y me tomó una foto. No supe nada más."

Hassen Sadaell

Sentado sobre la alfombra de su humilde hogar, Hassen Sadaell espera contar pronto con una prótesis para su pierna derecha, amputada por un misil durante la invasión.

Cojo y debilitado, Hassen pasea a diario por las calles ruinosas de Denala Praje bajo la mirada compasiva de sus vecinos. Con la ayuda de sus muletas trata de sortear los boquetes y los canales pestilentes de aguas fecales de este gueto a las afueras de Bagdad. Su hogar se ubica en un barrio de casuchas hacinadas, apoyadas unas contra otras para no derrumbarse con las tempestades del desierto.

Hassen Sadaell Abd tiene 28 años. Es soltero y forma parte de una familia numerosa, como la mayoría en Iraq. Sus cinco hermanos y cuatro hermanas comparten el mismo techo. Su madre Maraha es el centro de su vida, más aún desde el fallecimiento de su padre. Desde el 2 de abril de 2003 está lisiado. Un misil le mutiló la pierna derecha a la altura de la rodilla. Una frágil gasa cubre ahora su muñón.

Aquel día, al amanecer, se acercó al barrio de Al Mansur. Debía recoger a la mujer y a los hijos de uno de sus hermanos y llevarlos hasta el domicilio familiar, situado a las afueras de la ciudad y, en principio, lejos de los bombardeos. Cerca del recinto de la Feria Internacional esperaba subir a otro autocar. Las aceras a esa hora estaban muy congestionadas por el comercio ambulante. Antes de realizar el transbordo, un misil explotó cerca del lugar. La metralla taló su pierna. Apenas unos tendones al aire mantuvieron unida la extremidad. A pesar del dolor, Hassen no perdió la conciencia.

Un ciudadano anónimo le socorrió en los primeros instantes. Varias personas colaboraron para introducirle dentro de un taxi y llevarlo de urgencia hasta el hospital Al Yarmuk. Hassen recuerda todo con precisión:

El misil cayó a primera hora. No había comenzado aún el bombardeo, pero esa fue de las primeras explosiones de la mañana. Apenas sentía la pierna. Me miré y observé mi pantalón ensangrentado. La pierna apenas la notaba. Me subieron al coche y de allí, al hospital. Todo fue muy rápido.

Las instalaciones del hospital estaban colapsadas. Los ataques a Bagdad habían comenzado hacía dos semanas. Apenas quedaban existencias de medicamentos y las operaciones no cesaban en los quirófanos. Las camillas saturaban los pasillos. No había camas vacías en las habitaciones.

Las urgencias apenas podían asimilar la llegada de los heridos; algunos familiares llegaron a saquear las estanterías de los fármacos para medicar a los pacientes.

La única preocupación de Hassen era salvar su pierna. Tras administrarle unos medicamentos para tranquilizarlo, fue intervenido. Consciente, pudo ver cómo los médicos cortaban milímetros por debajo de la rodilla. Apenas tuvo tiempo para protestar. El daño era irreparable, al menos en las condiciones en las que se trabajaba en el centro en aquella época.

El misil mató a veinte personas y provocó cuarenta heridos, según me dijeron después. A mí me ha dejado inválido.

El caos en el hospital obligó a Hassen a volver a casa diez días después, aún dolorido y sin estar recuperado de la operación. Para calmar su dolor, le entregaron un bote de pastillas que duró unos pocos días. Sólo semanas después de la toma de la ciudad consiguió encontrar un lugar donde le suministraban con regularidad los medicamentos, un hospital de urgencia puesto en marcha por una organización italiana. Desde ese momento sigue los consejos de los médicos y a diario cura sus heridas. Ansioso, Hassen espera el momento de volver a verlos. Pretende superar todos los obstáculos cuando le coloquen una prótesis que sustituya su pierna derecha.

Durante la guerra, los pocos centros especializados en rehabilitación cerraron. A cada puerta que ha llamado encuentra la misma respuesta. No hay existencias en ningún lugar y debe esperar la ayuda internacional.

Una vez fui a las instalaciones de la Media Luna Roja. Se limitaron a pedirme el nombre y tomarme una foto. No supe nada más. No me dieron explicaciones ni ayuda.

Hassen es optimista. Aguarda el futuro con esperanza. Cuando la situación se estabilice, pretende volver a sus estudios de lengua árabe en la universidad de Bagdad, donde reforzó su idea de la unión de las familias musulmanas. Chií practicante, espera a que le instalen una prótesis mecánica que le permita andar de nuevo y recuperar su ánimo anterior.

"El ministro dijo que los soldados americanos no estaban aún en la ciudad."

Sauf Yussef

Sauf Yussef, con la pierna izquierda amputada, se sienta en el sofá de su casa.
Su madre Ameil sujeta la prótesis de plástico.

El 8 de abril de 2003, cuando los combates en Iraq estaban en su punto más álgido, Sauf Yussef, de 13 años, se sentía responsable de su familia. Quería concentrar en su hogar a sus familiares dispersos por los barrios de Bagdad. Después de almorzar, tomó las llaves del viejo coche de su padre Hanam para ir en la búsqueda de una hermana de su madre, en el barrio de Al Yarmuk.

Pocos minutos antes de recogerla, Sauf y su tío se toparon con una patrulla estadounidense. Desde los tanques los soldados dispararon contra el coche de forma incesante durante unos veinte segundos. Su tío resultó levemente herido. Apenas unos rebotes de metralla se incrustaron en su cuerpo. Sauf se llevó la peor parte. Los soldados, apostados en la carretera, dispararon desde su lado. Aún no sabe el motivo. Está convencido de no haber cometido ninguna negligencia ni de haber realizado ningún movimiento extraño.

Su tío tomó el volante y condujo frenético hasta el hospital más cercano. Las heridas de Sauf eran irreversibles. Los cirujanos optaron de inmediato por la amputación de la pierna izquierda a la altura de la rodilla.

Estábamos cerca del hospital cuando los militares dispararon. Apenas tuvimos que recorrer unos metros. Nunca perdí la conciencia.

Su tío desconocía que la zona ya estaba controlada por los estadounidenses. El ministro de Información de Iraq apareció en la televisión pública y aumentó el desconcierto entre la población. Le escuchaban hablar sobre la fortaleza del régimen, mientras observaban temerosos los tanques por las arterias más importantes de Bagdad.

El ministro dijo que la situación era buena y que los soldados estadounidenses no estaban en la ciudad.

La carencia de medicamentos obligó a los médicos a decidir el traslado del joven al centro hospitalario de Al Kidanid. Al día siguiente, la familia acudió al hospital. Sin tiempo apenas para ver a Sauf aún sedado, su madre regresó a casa en busca de comida y ropa.

A pesar de su crítica situación, Sauf debió pasar en casa los días posteriores. Entre el 9 y el 12 de abril ningún hospital de la ciudad estaba operativo. Los médicos temían cruzarse con los soldados. Sauf esperó tres días hasta ser trasladado a un tercer centro especializado en amputaciones para recibir un tratamiento más adecuado. El padre recuerda el momento.

Los médicos nos dijeron allí que podían ayudarnos. Pero también nos advirtieron que el lugar no era seguro.

El padre y el tío recogieron sus fusiles en casa y se parapetaron en la puerta de entrada del centro. Con su gesto, trataron de dar confianza a los médicos que atendían a Sauf y de dotar de seguridad el lugar. No dudaron en acudir al hogar de uno de los especialistas con el fin de llevarlo escoltado al hospital para tratar al joven.

Sauf pasó 22 días postrado en una cama sin ser operado por falta de médicos y de medicamentos. Regresaron a casa sin entrar al quirófano. Meses después, la suerte le sonrió por fin a Sauf. El 16 de junio fue operado en un hospital de campaña en Al Karkh por médicos españoles de una organización no gubernamental. Sauf lleva con madura dignidad su amputación.

Pasa los días viendo la televisión y jugando con sus dos hermanas y su único hermano. Desde el ataque apenas sale a la calle. Ya no ve a sus amigos salvo cuando le visitan para compartir por la televisión algún partido de fútbol, especialmente del Real Madrid, el equipo de sus sueños. Jugar al balón era su mayor pasión hasta que la metralla de los soldados estadounidenses se cruzara por su vida.

Su muleta le escolta permanentemente. Una prótesis le recuerda a diario su fatalidad. Desde hace meses buscan una pierna ortopédica de mejor calidad. El bajo sueldo de su padre taxista no permite afrontar gastos extraordinarios. La mayor parte de los ingresos se van en pagar la pequeña casa que la familia tiene en el modesto barrio de Al Ramell.

Sauf mata el tiempo arbitrando uno de tantos partidos callejeros de fútbol subido en el muro del jardín. Si su suerte cambia espera dejar el silbato y jugar como delantero centro. Quiere regresar pronto al colegio. Desde que estalló la guerra no pisa las aulas. Su madre no se fía de la situación.

"Con el anuncio del final de la guerra, la situación era más peligrosa para los informadores."

Javier Couso

Junto a una alambrada, varios carteles recuerdan la muerte de José Couso y otros compañeros de la prensa en los días de la toma de Bagdad.

Durante la toma de Bagdad la prensa internacional se concentraba en los hoteles Sheraton y Palestina, e intentaba cubrir la invasión en medio del caos.

El calendario marcaba el vigésimo día de los combates. Un misil había destruido la oficina de la Agencia Oficial de Noticias de Iraq y otro proyectil había acabado con el ministerio de Información, símbolo del control informativo durante el régimen de Sadam.

El 8 de abril de 2003 los carros de combate estadounidenses avanzaban por la ciudad. Se vivían momentos de tensión. En cada cruce de avenidas esperaba una emboscada, algún iraquí apostado tras una ventana que intentaba hacer blanco sobre algún soldado.

José Couso, camarógrafo gallego de 37 años, deambulaba por las terrazas tratando de conseguir las mejores imágenes. Ante el peligro, tenía orden de no salir del hotel Palestina. Al mediodía grababa desde el piso 14. Con su cámara enfocaba un carro de combate Abrams en el puente Al Yumhuria. Imprevisiblemente, el carro giró su cañón, apuntó y disparó contra el hotel de la prensa. La onda expansiva alcanzó el piso inferior y el superior. Couso resultó gravemente herido en la pierna derecha, en la cara y en el abdomen. Un torniquete de urgencia le permitió llegar con vida y consciente al hospital Ibn Nafis. En un primer momento, los médicos fueron optimistas. La juventud y la corpulencia de Couso parecía ofrecer garantías para sobrevivir. Pero los problemas respiratorios terminaron con su resistencia en el quirófano. El dolor y la desesperación azotaron a sus compañeros que esperaban impotentes en la sala de espera. Couso murió a 24 horas de poder grabar el fin del régimen.

Suerte similar corrieron más periodistas aquel día. Mientras preparaban la salida para visitar el hospital Al Hindi fueron víctimas del mismo disparo. Taras Protsyuk, ucraniano de la agencia Reuters, murió a los 35 años, dejando a su mujer y un hijo. Falleció al entrar a la sala de intervenciones del mismo hospital. La explosión destrozó su cuerpo. Otra periodista libanesa, un británico y un iraquí resultaron levemente heridos. Un equipo de la televisión mexicana se libró por centímetros de la metralla. El cuerpo sin vida del periodista jordano Tarek Ayub yacía desde varias horas antes en un depósito de cadáveres. Había fallecido en la sede de su canal de televisión situado en la otra orilla del Tigris.

Javier Couso, hermano de José, destaca el cinismo de la actitud estadounidense.

Un informe estadounidense rechaza cualquier responsabilidad de los soldados. Además, califica de «acto de defensa» el ataque al Palestina. La actitud de Estados Unidos es un insulto. Sólo se dirigieron a nosotros por medio de la embajada, mediante una carta que llama a mi hermano «héroe de la democracia». La misiva es similar a la que envían a las familias de los marines muertos en combate; un insulto que produce náuseas por su cinismo.

Los estadounidenses justificaron el ataque por la supuesta presencia de un francotirador en la terraza del hotel. La distancia entre el tanque y el Palestina superaba el kilómetro de longitud. José Couso y los demás periodistas parecían formar parte de los testigos molestos de la guerra de Iraq. Alertaban sobre las matanzas indiscriminadas de civiles en diversos barrios de Bagdad, y soportaban la presión para abandonar el país en el momento culminante de la ofensiva. Mientras los dirigentes anunciaban el final de la guerra de Iraq, la situación en el país era aún más peligrosa para los informadores. El cerco sobre la prensa se cerraba aquellos días.

Creemos necesario reforzar el papel de los tribunales internacionales. Es la única forma de parar a potencias que operan a sus anchas y tratar de construir relaciones más justas que no acepten o legitimen las políticas de agresión.

Esta guerra pudo cubrirse desde varios lugares. Junto a las milicias kurdas en el frente norte, desde la frontera turco-iraquí, también bajo las órdenes de la infantería estadounidense en el desierto de Kuwait o desde un lujoso hotel de cinco estrellas en Qatar. Couso y los periodistas muertos aquel día eligieron mostrarla como la vivía la resistencia civil.

Capítulo II
La paz que no llega

Desde el fin oficial de las hostilidades, anunciado por el presidente Bush el 1 de mayo de 2003, los enfrentamientos casa a casa bañan de violencia todo el país. La situación es incontrolada. Las agresiones mutuas se repiten unas tras otras. Los coches estallan en las principales ciudades del país y la tensión aumenta entre las tropas invasoras.

Los ataúdes de los soldados estadounidenses, cubiertos con la bandera de su país, llenan los aviones de carga de regreso a Estados Unidos, donde muchos serán recibidos con honores. Los funerales de los iraquíes son más austeros. Una caja de madera barata y una bandera, o en su defecto una manta, que tapa el féretro. Subidos en el capó de sus viejos automóviles y con los ataúdes sujetos por viejas cuerdas, los iraquíes recorren el camino haciendo equilibrio hasta el cementerio.

La toma de algunas medidas impopulares por parte de la administración provisional estadounidense motiva a la resistencia y no hace sino encender aún más la llama del integrismo. Un año después del comienzo de la invasión de Iraq, el joven y radical líder chií Muqtada Al Sadder inicia, en las ciudades santas de Kufa y Nayaf, al sur del país, un levantamiento sangriento contra las tropas ocupantes. Su tensa relación con las autoridades locales convierte las negociaciones en un continuo tira y afloja.

Las mezquitas se convierten en trincheras donde los activistas se abrigan de la metralla. Sus muros son infranqueables y sus minaretes se transforman en estratégicos puntos de observación para controlar el paso de los carros blindados enemigos y combatir a las fuerzas ocupantes.

Entretanto, en el oeste, la ciudad de Faluya, símbolo de la resistencia mártir, recibe el asedio durante semanas, sin tregua en los bombardeos, cercada y sin posibilidad de recibir de ayuda humanitaria. Los desplazados se acumulan en las carreteras de salida.

Una ola de secuestros comienza a inundar Iraq y el grito de las decenas de manifestaciones de protesta no consigue silenciar el sonido intimidador de las armas.

"Sólo quería morirme con ellos."

Jamis Saleh Abdala

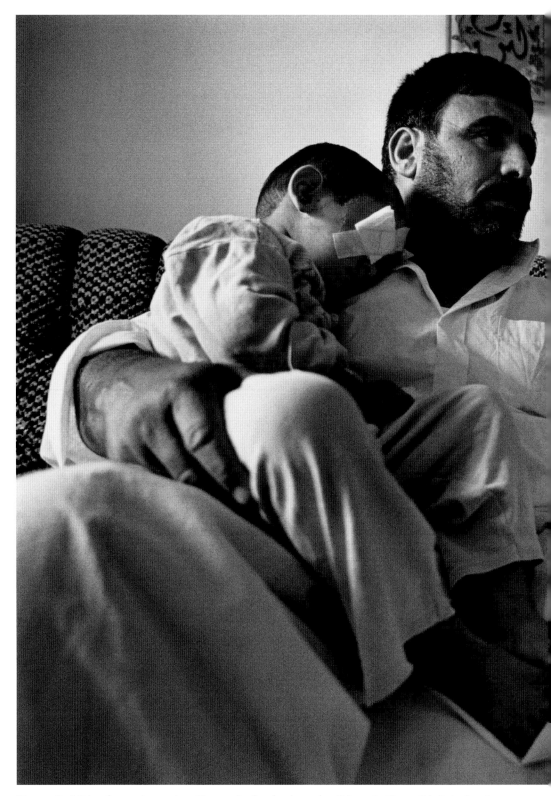

El pequeño Salid en brazos de su primo. Durante los bombardeos sobre Faluya el niño perdió el ojo derecho y sufrió una fractura de cráneo. Su madre, su padre y seis hermanos fallecieron en el ataque.
Su primo Jamis, que ahora le cuida, perdió a seis de sus nueve hijos.

El 5 de abril del 2004, los soldados estadounidenses lanzaron una operación militar en Faluya para detener a los autores del homicidio, en marzo del mismo año, de cuatro guardias de seguridad de Estados Unidos. Desde los aviones se arrojaron bombas que acabaron con la vida de familias enteras en sus barrios residenciales. Durante los días de combates casi un millar de iraquíes fallecieron en esta ciudad de unos 300.000 habitantes. Faluya, símbolo de la resistencia civil, fue el escenario de una de las peores pesadillas vividas en Iraq.

Salid Muhamad Dahi tiene 3 años. Nacido en una familia numerosa, ahora se encuentra solo. A diario grita entre llantos el nombre de su madre fallecida hace dos semanas. Su padre y sus seis hermanos también están muertos. Sus cuerpos se encuentran repartidos entre los escombros de su vivienda y el depósito de cadáveres de la ciudad. Todos perecieron en un sanguinario bombardeo sobre el barrio popular de Yulan, en la periferia de Faluya. Salid ha perdido la visión del ojo derecho. Su diminuto cuerpo está marcado por las cicatrices. No puede mantener el equilibrio al andar. Los bombardeos que segaron la vida de su familia y sus parientes más cercanos le dejaron una fractura de cráneo.

Jamis Saleh Abdala Al Nimraui, primo del pequeño, que sobrevivió al ataque, tiene muy presente aquel día.

La carretera de Bagdad a Faluya está cortada; cuando la abran iremos a buscar a sus familiares.

La muerte de toda la familia convirtió a Jamis, de 45 años, en el único protector del pequeño. En el bombardeo nocturno, en sólo 15 minutos, Jamis perdió a seis de sus nueve hijos, a su mujer y a un hermano.

La misma mañana de los bombardeos Jamis decidió evacuar a su familia de su casa. Las escaramuzas entre los fedayines y las tropas estadounidenses tenían lugar demasiado cerca, a veces bajo su propia ventana. En medio de las bombas se trasladaron a casa de su hermana. Al día siguiente, al amanecer, ocuparon la casa de su tío Ali Dhahi, un hogar espacioso de dos plantas.

En principio, esta casa era más segura, pero luego todo se fue al traste.

Poco después, la vivienda se convertiría en una fosa común que enterró a la mayoría de sus familiares, mujeres y niños incluidos. Quince minutos bastaron para acabar con la vida de cuatro familias. Todos ellos parientes cercanos.

Dos aviones sobrevolaban en círculo la casa a la hora de cenar. Atemorizadas, las mujeres subieron a las habitaciones de la planta superior; los hombres prefirieron quedarse abajo, en la sala de invitados. Al momento, un estruendo sacudió los muros. De inmediato siguió la primera explosión. Los coches aparcados en las inmediaciones saltaron por los aires.

Jamis y su hijo Mohamed se refugiaron en el pequeño cuarto de baño de la planta baja, junto a Ali Dhahi y dos de sus hermanos. La decisión fue providencial. Todos sobrevivieron.

Dentro del baño escuché nítidamente los gritos de las mujeres desde la planta de arriba. Las bombas cayeron sobre las habitaciones de las mujeres y los niños.

Todos pedían ayuda a gritos e invocaban a Dios. Ese recuerdo martiriza cada noche a Jamis. Los propios vecinos ayudaron a socorrer a las víctimas. Los cadáveres fueron trasladados de inmediato a la mezquita más próxima mientras un grupo de voluntarios preparaba el cementerio de Abu Tuza para los entierros. El lugar estaba próximo a los soldados estadounidenses. Cinco voluntarios murieron por los disparos de los francotiradores durante los preparativos.

Al día siguiente del bombardeo Jamis acudió al hospital para ver a los fallecidos. Los cuerpos de los niños eran irreconocibles.

Me di cuenta de que había perdido todo y de que sólo quería morirme con ellos.

Jamis aún guarda un trozo de metralla que encontró en la mano de su hijo Saif, de 2 años, y que apretaba para aliviar su dolor poco antes de morir.

Me he convertido en un hombre loco. No puedo controlar mis reacciones ni mis emociones. No entiendo lo que ha ocurrido, ni me quedan palabras para expresar mi dolor.

Los pocos supervivientes de esta familia, algunos aún heridos gravemente y con amputaciones, niegan la presencia de milicianos de la resistencia esos días en los alrededores de la casa. Jamis alerta del futuro que viene.

Cuanta más gente inocente muera, la guerra contra los americanos será peor y más sangrienta. ¡Los odio!

"No le digas que no volverá a caminar."

Shafa Abass

Thamer Abdall Akess postrado para siempre en su cama. Un ataque suicida en la comisaría de policía de Al Shab le dejó parapléjico a los 32 años, cuando trabajaba como oficial en el nuevo cuerpo iraquí formado tras la guerra.

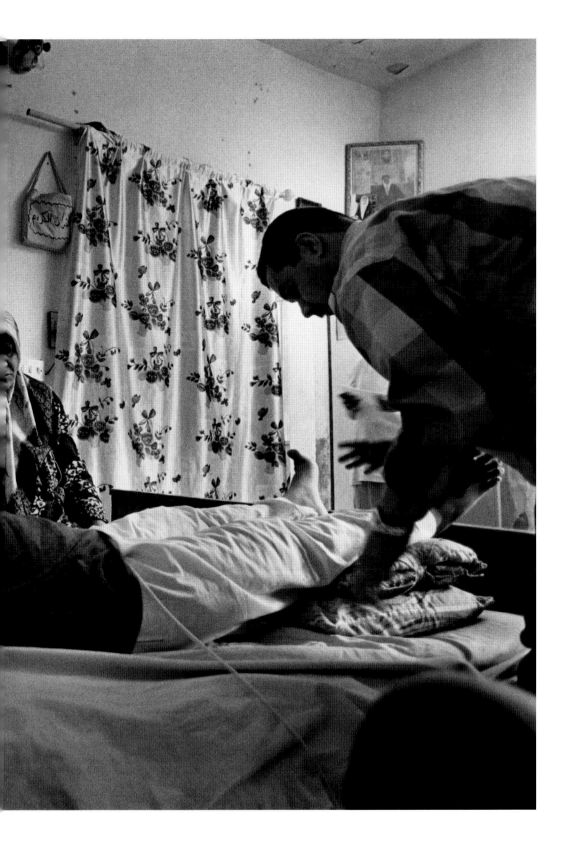

La tensión en Iraq aumenta durante el primer Ramadán después de las hostilidades. La violencia es la respuesta generalizada a la agresión. Las muertes y los atentados no cesan. Los coches cargados de metralla vuelan ante las puertas de las comisarías, junto a las sedes de los partidos políticos afines a los estadounidenses, en acuartelamientos o en los aleatorios controles del ejército en la carretera.

El 27 de noviembre de 2003, Thamer Abdall Akess, de 32 años, casado y padre de tres hijos, estuvo a punto de entrar a formar parte de la extensa lista de bajas de la transición iraquí. Meses después maldice a sus agresores y el día en que quedó inválido. A veces, a voz en grito, en presencia de su mujer y sus hijos, se pregunta por qué la suerte le fue esquiva y no pudo morir él también en aquel atentado a la comisaría de Al Shab.

Como cada día desde el comienzo de la transición democrática, Thamer Abdall acudió a su trabajo en la jefatura de policía. A las 08.30 horas una tremenda explosión tiró abajo el edificio. No hubo tiempo para reaccionar. La huida fue imposible. El fornido cuerpo de Thamer quedó bloqueado entre vigas y cemento. Desde ese momento no recuerda más.

Muchos voluntarios acudieron en ayuda de los heridos. Sólo su cuñado, vecino de la comisaría, fue capaz de pasar a través de los escombros. Accedió hasta el cuerpo de Thamer y lo trasladó a un hospital cercano. Recobró la lucidez ocho días después, en una cama hospitalaria, sujeto a una sonda, a la que todavía hoy permanece ligado. Thamer tiene presente aquella mañana.

Tres días antes del atentado, los estadounidenses quisieron prevenirnos de un posible ataque a las instalaciones mediante algún cohete o un coche bomba.

El coche bomba hizo saltar por los aires todo aquello que se encontraba en un radio de 70 metros. La comisaría de Al Shab, intacta tras los bombardeos, quedó destruida por un kamikaze efectivo y letal, al volante de un automóvil. Cinco personas murieron, entre ellas su jefe, que dejó huérfanas a siete hijas.

La mayoría de los fallecidos en la comisaría pasaron años junto a Thamer. Otros diez policías resultaron heridos, todos agentes reincorporados al cuerpo después de la caída del antiguo régimen.

Durante la dictadura de Sadam Husein, Thamer también pertenecía a la policía. Este cuerpo y el ejército proporcionaban los trabajos más estables por entonces en Iraq. Llevaba 8 años como empleado en la comisaría antes de que comenzaran los bombardeos. Cuando cayó el régimen fue llamado de nuevo para integrar parte de la nueva policía civil iraquí. Los salarios mejoraron. De los 10 dólares al mes que ganaba anteriormente pasó a ganar 200. El mismo salario que le convenció para regresar al cuerpo es ahora su pensión vitalicia, 200 dólares por mes.

Desde el día del ataque, Thamer vive con sus ancianos padres, fatigados por la acumulación de trabajo a tan avanzada edad, abandonados por las autoridades y desmoralizados por el infortunio del mayor de sus hijos. Permanece inmóvil en la cama, tumbado hacia un costado para apaciguar el dolor y favorecer la respiración. Su médula espinal tiene un daño irreversible, pero su moral continúa alta, tal vez porque su familia no ha tenido el valor de decirle la verdad. Siempre permanecerá postrado, sin volver a andar, ni trabajar, ni llevar a sus hijos al colegio como hacía cada día antes de entrar en la comisaría. Su madre, Shafa Abass, está económicamente arruinada.

Nos gastamos todo el dinero en llevarlo a los mejores centros de Bagdad. Fue operado en un centro especial de la ciudad, uno no gubernamental. El médico cree que su vida depende de Alá.

Su familia no tiene dinero para un traslado eventual a Kuwait, donde están algunos de los mejores hospitales de Oriente Medio. Por eso acuden a varias organizaciones internacionales para tratar de buscar auxilio. Con las transferencias al nuevo gobierno local en materia de sanidad, sus padres, mujer e hijos afrontan el futuro con renovadas esperanzas. Thamer permanece confiado.

Mi familia visita con regularidad el ministerio de Defensa, y a muchos médicos. Todos dicen que si salgo de Iraq puedo curar mis dolencias.

Sus hijas Samer y Thuha, de 9 y 5 años, y su hijo Mohamed, de 6, no le abandonan a ninguna hora. Casi siempre juegan alrededor de su cama para darle compañía. En el colegio, a diario, los padres de los alumnos y los profesores del centro acrecientan el dolor de los pequeños al preguntar por la situación del padre.

Nunca olvidaré al terrorista, aunque recobre algún día la movilidad y vuelva a caminar, ¡lo juro!

Desde su cama, Thamer ve cómo saquean su país, cómo las familias musulmanas desangran a Iraq con sus diferencias, todo lo que tanto combatió desde la comisaría, que hoy es un montón de cascotes en una esquina de Bagdad.

"Apenas dos horas después del parto regresé a casa."

Alhan Najim

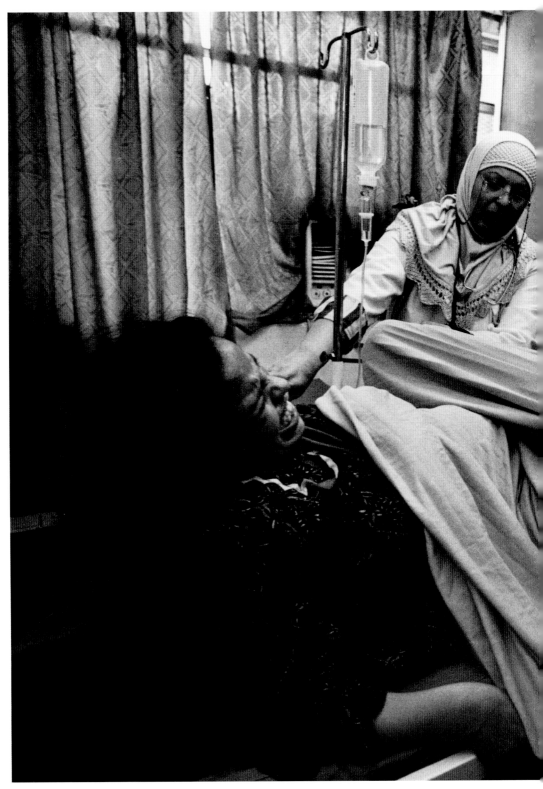

En el hospital Al Yarmok nace bajo las bombas Fátima Basim Ibrahim, hija de Alhan y Basim.
El sonido de las explosiones se escucha mientras Alhan da a luz en una sala de maternidad descuidada y mal equipada.

En el Bagdad de los misiles, los coches trampa y la ley del talión, en medio de un ambiente de muerte y destrucción, emerge la vida. La joven Alhan entra en el hospital de Al Yarmok a punto de dar a luz, cansada y nerviosa por el incesante sonido de las explosiones.

La mañana es especialmente violenta en la capital de Iraq. Las bombas no estallan demasiado lejos de este ruinoso edificio, que acoge entre sus muros el área de maternidad y el depósito de cadáveres. Los cuerpos sin vida de civiles y rebeldes se amontonan en el suelo a la espera de ser enterrados por sus familiares, entre la poca intimidad que permiten las hostilidades.

Fátima Basim Ibrahim, hija de Alhan Najim y Basim Ibrahim, nace en condiciones precarias. Rodeada de una escasa luz natural que entra por un pequeño tragaluz en la sala de operaciones, ayudada por una médico y dos auxiliares de clínica, que no siempre dan abasto con tanto alumbramiento. Una humilde estufa da calor a su cuerpo durante sus primeros minutos de vida. Su padre está triste porque quería un varón. Fátima se convierte en la menor de diez hermanos que viven en el barrio de Al Dora entre escombros, en una chabola de barro y chapa metálica, confundida entre la pobreza reinante en la zona.

Su destino es sobrevivir, junto a su numerosa familia, con el mísero sueldo que su padre consigue con el intercambio de objetos en el mercado callejero situado junto a su hogar. Basim es excombatiente de la guerra de Irán, donde pasó 10 años detenido en la inmunda prisión de Parandak desde el comienzo de las hostilidades.

Apenas dos horas después del parto la familia regresa a casa. La madre trata de proteger a Fátima del sonido atronador de las bombas de fondo, arropándola con una manta y apretándola junto a su pecho.

El viejo Basim corre un sucio visillo para localizar el humo que dejan las explosiones. Está más inquieto de lo habitual. Desde la ventana se divisan los combates. Los helicópteros sobrevuelan su casa haciendo que las ventanas tiemblen. La violencia no cesa.

"Aquí se robó la dignidad de las personas."

Dr. Raghad Sarsam

Rania vaga de un lado a otro del hospital sin saber qué hacer.
Trata de soportar el tormento por su reciente violación en el psiquiátrico.

Mora, Roaa y Zainab en una de las
galerías donde conviven con las demás
enfermas mentales.

Un hedor recibe al visitante cuando se acerca al hospital Al Rashaad, un centro especializado en enfermedades mentales situado a las afueras de Bagdad. Dos vigilantes armados cortan el paso a quienes entran. Con sus dos viejos fusiles protegen a los mil enfermos recluidos.

El lugar está amurallado y salpicado de enormes palmeras que parecen sosegar la dura realidad que se vive detrás de la verja. Entre los enfermos mentales hay esquizofrénicos, jóvenes abandonados en las calles a su suerte, excombatientes de guerra y víctimas del estrés postraumático como consecuencia de la muerte de familiares.

Los pacientes conviven entre ratas y heces, durmiendo en fríos suelos, sobre colchones mugrientos y roídos. En enormes salas por donde apenas asoma la luz, con ventanas cerradas con barrotes, comen, duermen, rezan y realizan sus necesidades fisiológicas. Hombres y mujeres están siempre separados en diferentes galerías. Ellas viven más organizadas, más limpias y mejor alimentadas. El número de enfermos ha decrecido desde la toma de Bagdad por las fuerzas aliadas. Los 1.200 internos existentes antes de la guerra se reducen ahora a 900. Las ayudas de la Media Luna Roja para mantener el centro desaparecieron con los combates, al igual que la inyección económica llegada desde el régimen. El centro carece actualmente de luz y agua corriente.

Antes, el coste económico para las familias que dejaban a algún enfermo era casi simbólico. Hoy en día la falta de personal obliga a no aceptar más internos. Apenas catorce especialistas atienden a la totalidad de los enfermos. Sólo tres son interinos. Los pacientes pueden pasar horas, días e incluso meses sin balbucear una sola palabra, vagando por el centro parcialmente destruido. Paseando de un lado a otro, descalzos sobre el suelo húmedo regado por su propia orina.

La caída del régimen trajo el descontrol, el desorden y la fatalidad a sus pacientes, especialmente a las mujeres. Grupos de asaltantes incontrolados atravesaron los muros y violaron a la mayoría de las enfermas mentales. Algunas fueron arrastradas por los pelos de unos pabellones a otros y forzadas sexualmente. A la ola de violaciones se sumaron los saqueos del material médico.

Enfermas crónicas, como Mora, Roaa, Zainab y Rania, nunca se curarán y tampoco olvidarán aquella pesadilla que supuso la violación de las pacientes a manos de hombres más enfermos que sus víctimas.

"Me pareció divertido subir
a ver el vuelo de los aviones."

Ali Naad Nory

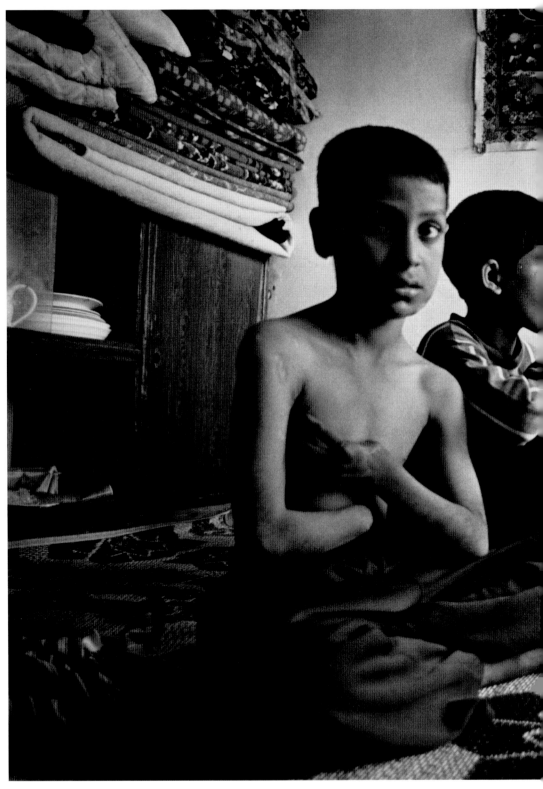

Ali Naad Nory, sentado en su casa junto a su madre Anan y sus hermanos.
Su mano derecha fue amputada y perdió la visión de un ojo.

El 1 de mayo de 2003, George W. Bush anunció desde la cubierta del portaaviones «Abraham Lincoln» el final de las operaciones militares en Iraq. A pesar de ello las hostilidades no se detuvieron. Los muertos y heridos continuaron saturando hospitales y cementerios, minutos y páginas de información.

El 2 de mayo, los cazabombarderos estadounidenses dejaron caer su munición sobre Abu Ghraib, ciudad rebelde de mayoría suní. Ali Naad Nory, de 11 años, atraído por el estruendo de las bombas, subió al tejado de su casa para contemplar las luces trazadas por la artillería, las columnas de fuego y humo, y el resplandor de las explosiones en el horizonte. Acababa de amanecer, los primeros rayos del sol se reflejaban rojizos entre el cielo y la arena del desierto.

Decenas de bombas de racimo fueron arrojadas sobre Abu Ghraib. Muchos de los artefactos no explotaron en un primer momento. Ali recogió el explosivo con su mano derecha y corrió escaleras abajo para mostrárselo a sus hermanos Abass, de 10 años, Ahamed, de 9, y Hussen, de 8. A mitad de camino la bomba estalló.

Mi madre me había avisado del peligro. Pero subí al tejado para coger una y poder así enseñarla en casa. Ya no recuerdo más. Me arrepiento cada día de lo que hice, pero ya no puedo hacer nada, salvo proteger a mis hermanos pequeños.

Su madre Anan Ameen lo llevó al hospital. La cara abrasada de Ali apenas dejaba contemplar el pánico que sentía. Su rostro estaba deformado. Las quemaduras no le permitían ver ni abrir la boca para protestar. Ahora tiene el brazo derecho amputado a la altura de la muñeca y ha perdido la visión en el ojo derecho. Dos dedos de la mano izquierda volaron tras la explosión y su cuerpo está lleno de cicatrices. Milagrosamente, ninguna de las heridas le costó la vida.

Eran las 08.00 horas. Sabía que aquello podía ser peligroso, pero me pareció divertido subir a ver el vuelo de los aviones.

Un tiempo después, cicatrizadas las heridas de Ali, la familia decidió partir hacia Bagdad, en medio de un éxodo generalizado de cientos de suníes residentes en ciudades como Faluya, Ramadi o Abu Ghraib, todas ellas escenario de enfrentamientos durante la transición política y trinchera de la resistencia.

No tenían dinero para pagar el alquiler. La madre de Ali, divorciada y sin trabajo, intentaba sacar adelante a sus cuatro hijos. Ali, al ser el mayor de todos, trataba de ayudar desde la ausencia de su padre. Su colaboración ha sido más moral que física, especialmente tras su accidente.

Con la ropa puesta y unas cuantas mantas para paliar el frío del invierno llegaron a Bagdad. Encontraron refugio en un suburbio llamado Al Sallam Stonje. El ser un barrio obrero de mayoría suní no supuso un problema para esta familia chií, acostumbrada a vivir como minoría étnica desde su paso por Abu Ghraib.

Su casa está formada por cuatro paredes de ladrillo. Las goteras aparecen siempre que llueve con algo de intensidad. Enfrente hay un basurero, almacén de chatarra inservible, donde juegan a diario los más pequeños. Al fondo se escucha una de las ruidosas autovías que rodean Bagdad.

Ali ya no va al colegio. No puede escribir y su visión es mala. Antes de estallar la bomba en la palma de su mano estudiaba segundo curso en la escuela primaria. Desde que cambió de domicilio tampoco ve a sus antiguos amigos.

Ahora ayudo en casa. Ejerzo de hermano mayor para que los otros tres no cometan mi mismo error.

Para el futuro sólo espera una prótesis que le permita volver a hacer una vida similar a la que llevaba antes del accidente.

Cuando tenga un brazo nuevo quiero volver al colegio, y sacar tiempo para trabajar. Prefiero uno de esos mecánicos que permiten más movimientos.

Algunos familiares les auxilian con algo de dinero. Su tío se gana la vida en la calle, y la abuela tiene un sueldo gracias a su trabajo en una pequeña fábrica de cinturones. La familia espera resignada en su barracón la llegada de nuevos aires de cambio para el país.

Entretanto, los coches bomba siembran el caos en Iraq, los asesinatos de occidentales continúan y los edificios se vienen abajo por las sacudidas de las explosiones. Decenas de personas soportan pasivas y en silencio su drama.

"Temo no volver a ver a mi hijo con vida."

Hamdea Kadum

Un funcionario iraquí lee la lista de familiares que ese día podrán visitar a los presos.
Hamdea espera paciente su turno. No tiene noticias de su hijo desde su detención el 17 de julio de 2003.

Monhead y su madre cantan en el salón de su casa,
en el barrio bagdadí de Al Mashted. Su hijo ha
perdido nueve kilos desde que ingresó en prisión.

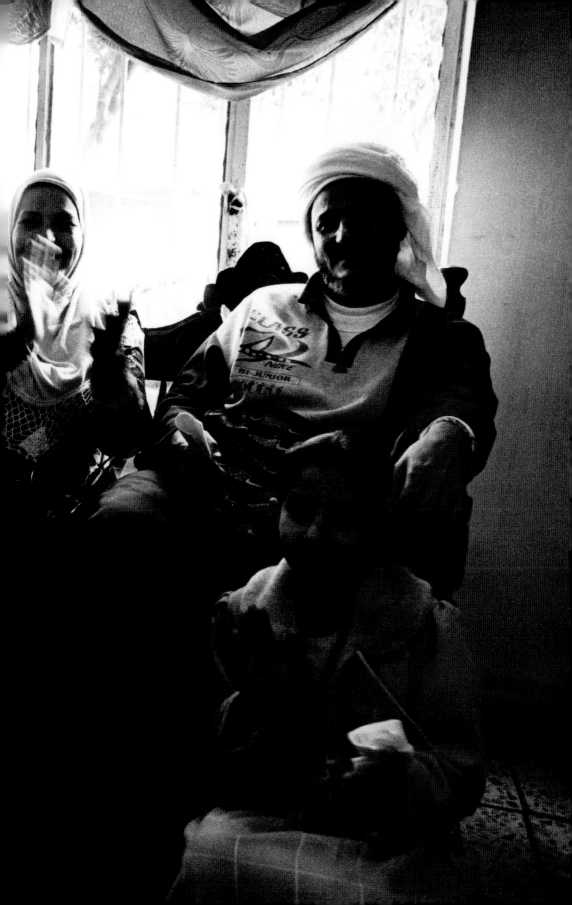

La prisión de Abu Ghraib se extiende de los límites de la ciudad que le da nombre hasta bordear la autopista de Jordania, principal vía de entrada a Bagdad. Alambradas de espino y pesados sacos rellenos de arena resguardan sus muros. La Tercera División vigila el área. Los soldados permanecen en guardia día y noche. Atrincherados en las torres, controlan a los visitantes.

Abu Ghraib representa el pasado doloroso y oculto del régimen, la deshumanización del presente y la ilegalidad en la que se sumerge Iraq. Ante sus puertas, decenas de iraquíes se aglomeran a diario buscando noticias de sus familiares detenidos por las tropas estadounidenses. La preocupación es mayor desde que se difunden las noticias sobre los malos tratos y el incumplimiento de las convenciones internacionales. Las torturas que fueron autorizadas han costado la vida a un buen número de prisioneros. Todo en la más absoluta clandestinidad.

Junto a la entrada principal mujeres llegadas de todo el país aguardan un permiso de acceso. Llevan consigo la convocatoria de visita al reo. Los trámites son largos y las horas pasan lentamente bajo el sol, a la espera de una comunicación oficial. Sobre uno de los pilares de hormigón un funcionario iraquí grita los nombres de los autorizados en la lista. Las mujeres se agolpan a sus pies y rezan para que llegue su turno.

Sentada en el suelo, Hamdea Kadum soporta infatigable el calor. Frente a la puerta, bajo la atenta mirada de un par de soldados, espera su momento para incorporarse a la fila. Su hijo Monhead Hashm está en la cárcel. Su hermano Yossef consiguió verle hace unos meses. Desde entonces, la intranquilidad asalta a toda la familia, temerosa de no volver a verle con vida. Hamdea intenta distinguir a su hijo entre los reclusos liberados ese día, transportados en autobuses y rodeados de fuertes medidas de seguridad. Asomados a las ventanillas gritan felices y anuncian a sus familias el adiós a su internamiento. Separados por un cordón militar, madres y esposas tratan de acercarse. Hamdea no ve a su hijo. Nuevamente da el día por perdido.

Al regresar a casa recibe una gran alegría. Sentado en un viejo sofá, rodeado de la familia, junto a sus hermanos y sobrinos, espera Monhead. Viajaba en uno de los autobuses que salieron de Abu Ghraib, pero la multitud y las medidas de seguridad le impidieron ver a su madre. Los soldados pretendían liberar a los presos en la ciudad de Bakuba, al norte de Bagdad. En el barrio de Al Rashidía el autobús se estropeó y decidieron dejarlos marchar. Monhead y sus compañeros recibieron 10 dólares como ayuda para el desplazamiento hasta sus casas. Sólo veinticuatro horas antes de salir de prisión le anunciaron la decisión de ponerlo en libertad. Extenuado, con barba de varios días, Monhead intenta descansar en sus primeras horas de libertad. Nueve meses en la cárcel han reducido su apetito. Pesa casi nueve kilos menos que el día de su detención. Algunos vecinos lo delataron. Monhead tuvo problemas con ellos y le traicionaron.

Son familias que necesitan dinero. Los americanos les pagaron hasta 2.000 dólares por delatarme.

Hamdea está feliz. Su hijo vuelve a casa. Sonríe, canta y baila junto a sus nietas. El hogar es una fiesta antes de la llegada de la madre. En el barrio de Al Mashted todos los vecinos sabían que su hijo estaba preso en Abu Ghraib.

En su celda dibujaba en las paredes e improvisaba un calendario. No contaba con noticias del exterior. Apenas divisaba los rayos del sol. Los días se eternizaban pensando en la suerte corrida por los suyos.

Había americanos buenos y malos. A los cristianos generalmente los trataban bien, pero con los musulmanes descargaban su odio.

La higiene se reducía a esporádicas duchas de manguera a presión con agua helada. Tratados como animales, en su celda se agolpaban hasta treinta presos en unos pocos metros cuadrados. Enfrentados, a veces, como salvajes por el plato del almuerzo. El recuerdo de la comida le provoca náuseas. La alimentación consistía casi a diario en una sopa aguada e insípida. Sólo dos veces al día podían alimentarse, sin té ni agua fresca. Muchos días, los soldados, en busca de confesiones, les obligaron a extender los brazos hacia arriba y permanecer así durante horas. Muchos se desmayaron de cansancio. Otros prisioneros llegaban a las celdas y relataban su padecimiento con las corrientes de electricidad sobre sus genitales. Algunos, acobardados, se refugiaban en un rincón, incapaces de compartir su martirio padecido por las degradaciones sexuales.

Monhead quiere olvidar. Confía en comenzar una nueva vida en su tienda de electricidad. Lejos de las armas, del pasar de los días y de la brutalidad vivida.

Capítulo III
La sombra de Sadam

La caída del régimen de Sadam Husein marca el final de un ciclo de represión, persecución política y asesinatos en Iraq. La última etapa de una de las épocas más oscuras de la historia del país deja al descubierto los abusos, la inmisericordia y la codicia de los mandatarios. Miles de personas fueron arrestadas por la policía secreta de Sadam. En las cárceles, en medio de precarias condiciones de higiene, fueron víctimas del hambre, la sed y las torturas.

Las ejecuciones silenciaron a los disidentes. Decenas de fosas comunes en las proximidades del desierto de Arabia son la evidencia de una dictadura conducida con mano de hierro. Los supervivientes continúan infatigables la búsqueda de sus familiares, sin la esperanza de encontrarlos con vida, pero con la idea de ofrecerles una tumba digna. Un número y unos apellidos marcados de manera confusa sobre las placas oxidadas en el desierto dificultan, aún más, la identificación.

Fue un mal sueño del que la población iraquí despierta mientras paralelamente escucha cómo los invasores prometen seguridad y modernización, desarrollo y reconstrucción. Los carceleros han cambiado de uniforme y de nacionalidad, pero los excesos continúan, en esta ocasión en nombre de un Iraq y un mundo libres.

Pero si para muchos iraquíes la caída del régimen ha supuesto una oportunidad de encontrar a sus familiares desaparecidos y de acceder a información oficial que durante años permaneció restringida, para los excombatientes de las guerras de Irán y Kuwait ha significado la supresión de sus antiguos privilegios.

Millares de veteranos de guerra pasan sus días en la media docena de centros de rehabilitación existentes en Bagdad, construidos para los heridos de las dos contiendas que forman parte de la historia reciente de Iraq. Todos los centros fueron creados a finales de los años ochenta por Sadam Husein y hasta la caída del régimen fueron administrados por el ministerio de Defensa, en colaboración con el Comité Olímpico Nacional. Algunos de estos centros rehabilitan a los mutilados a través del deporte. Otros, simplemente, son vastas zonas residenciales donde cabos, soldados, oficiales y sargentos viven su jubilación. Son ciudades en miniatura. Cuentan con sus propias mezquitas, colegios y pequeños comercios. Allí, los excombatientes son tratados física y psicológicamente.

Más de 150 amputados viven con sus familias en dos centros. La mayoría necesita sillas de ruedas para desplazarse. Aquellos que lo requirieron, recibieron en su día piernas artificiales que facilitaron la adaptación a su nueva vida. Durante el régimen de Sadam las sillas eran gratuitas y podían cambiarse cada 3 años. Las medicamentos para los tratamientos eran asumidos por el Estado, y además recibían 4 dólares de pensión mensual.

Con la llegada de los estadounidenses, a pesar de que la pensión vitalicia se ha elevado a los 15 dólares, casi todos los antiguos privilegios han desaparecido, incluidos el colegio de los niños, los autobuses gratuitos que los desplazaba a las rehabilitaciones, las prótesis y el combustible para el hogar. Con esa cantidad deben acometer las reformas en sus hogares, agrietados por los combates, y los daños provocados por los sabotajes de los enemigos de Sadam. El mayor temor para los veteranos es una brusca subida del alquiler actual que tienen las casas: 3,5 dinares[5]. Con la certeza de sentirse abandonados, ven acercarse lentamente su imparable decadencia.

[5] (1 USD = 3.200 dinares iraquíes)

"Encontrar a mi hermano
no arreglará el presente."

Ali Kareem

Ali, de 33 años, estuvo preso un año durante la dictadura de Sadam. Ahora busca a través de la Asociación de Prisioneros Libres a su hermano Sabah, desaparecido durante el régimen como otros 18.000 iraquíes.

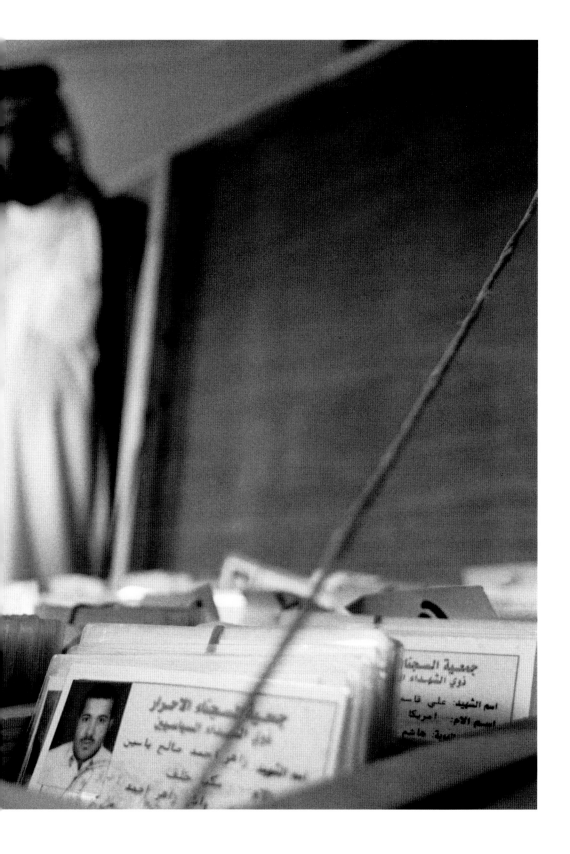

La intervención armada en Iraq no sólo cambió un régimen, también agudizó las heridas del pasado más reciente del país. La nueva situación ha removido las entrañas donde anida buena parte de la violencia de esta sociedad. Los recuerdos más dramáticos los tienen quienes sufrieron la tiranía de Sadam Husein. Las víctimas ponen rostro y nombre a su padecimiento. Los verdugos de los seres queridos quedan al descubierto, pues el sistema ya no les arropa.

Durante los últimos 20 años de gobierno de Sadam, las pesadillas se repitieron constantemente para los kurdos y los chiíes. Las guerras contra Irán y la derrota ante Estados Unidos tras la invasión de Kuwait avivaron el odio en el dictador. Frustrado, maniático y frenético, buscó disidentes en cada región de Iraq, especialmente donde no contaba con seguidores. Los rastreos se hacían casa por casa, habitación por habitación. Los servicios de inteligencia, alimentados y dirigidos desde el temido ministerio de Información, se convirtieron en la peor de las opresiones de aquellos disconformes con el régimen, en azote para la libertad y la pluralidad.

El primero de mayo de 1982, la policía secreta visitó por sorpresa la casa del estudiante Sabah Raheen, de 18 años. Vivía en Sadr City, un barrio al norte de Bagdad con una elevada densidad de población, tradicionalmente opuesta al sistema y de mayoría chií. Durante el mandato de Husein aquella zona era conocida por Sadam City. El lugar siempre fue hostil al gobierno. Ahora también lo es a las fuerzas de ocupación.

Un año después de su detención, la familia dejó de tener noticias de Sabah. Consumada la ocupación de Iraq por las tropas aliadas, los hermanos tuvieron acceso a una lista del Departamento de Derechos Humanos del viejo régimen. Su nombre figuraba entre los asesinados por la dictadura.

Su hermano Ali recibió informaciones de la Asociación de Prisioneros Libres acerca de la posibilidad de encontrar el cadáver en un cementerio situado al norte de Bagdad. La familia emprendió su búsqueda, pero los resultados negativos atenuaron su desesperanza.

El nombre de Sabah aparecía en las listas de ejecutados y enterrados en el lugar, pero su cuerpo nunca fue encontrado. Durante el infatigable rastreo localizaron a su primo, Mohamed Abdlrada, que desapareció en 1994, algún tiempo después del fin de la primera Guerra del Golfo. Su activismo militante le llevó a la muerte. Fue sepultado en otro cementerio tras ser asesinado junto a un grupo de insurrectos. Sabah y Mohamed formaban parte de un combativo y sacrificado partido islámico chiíta, Al Dawua, destacado por su dura oposición al clan de los Husein.

Desde muy joven, Sabah se enroló en sus filas. El partido suponía una de las pocas molestias de la dictadura de Sadam en una época de ausencia de discrepancias y de pluralidad en la vida política iraquí. En la actualidad, Al Dawua está representado en el consejo de gobierno. Su hermano Ali puntualiza su pertenencia política.

Sólo era un afiliado. Algo muy común en aquella época. En esta calle donde vivimos hay diez militantes.

Ali es el cuarto de siete hermanos. Tiene 33 años. Uno de ellos lo pasó en la cárcel, preso de la dictadura, por las mismas razones que su hermano desaparecido. Llegó incluso a estar condenado a muerte. Antes de que comenzaran los bombardeos, Sadam Husein puso en libertad a un buen número de reclusos. Con una gran entereza, Ali relata su tormento en las cárceles iraquíes.

Los trece meses sin libertad fueron una pesadilla. Los guardias me colgaban de los tobillos boca abajo, sujeto por una cuerda atada al techo.

Las cicatrices son visibles aún hoy en sus muñecas y sus tobillos. Las torturas eran constantes. Las sufrían la mayoría de presos, al menos aquellos que compartían galería con él. Su gesto se endurece cuando recuerda las sesiones de corriente eléctrica que les aplicaban los funcionarios de la prisión en orejas, dedos y genitales. Los métodos son muy parecidos a los utilizados meses después en la cárcel de Abu Ghraib por los soldados estadounidenses contra los detenidos iraquíes, supuestos activistas de la resistencia.

Como a su hermano Sabah, también le detuvieron en su casa, por sorpresa, en la oscuridad de la noche. Desde la captura de Sadam, Ali pertenece a una organización satélite del Partido de la Revolución Islámica, liderado por Al Hakin, destacado miembro del consejo y que cuenta con su propia milicia armada. Ali asegura no haber empuñado nunca un arma.

El mayor de sus hermanos, Abdad Kareem, de 46 años, vivió dieciocho como refugiado político en Irán. Su padre Harem Belik falleció de una crisis cardíaca poco antes de la guerra. La imposibilidad durante años de hallar el cuerpo de Sabah no hizo más que deteriorar su salud. La madre Makea también murió hace algunos años. Nunca llegaron a conocer el destino del segundo de sus hijos.

Un día más, a primera hora de la mañana, Ali vuelve incansable a emprender la marcha hacia la sede de la Asociación de Prisioneros Libres, que aglutina las demandas de los familiares de los desaparecidos durante el antiguo régimen. Allí se canalizan sus peticiones e indagaciones.

Ali entrega al encargado de la búsqueda informática el carné de su hermano, numerado como uno de los 18.000 desaparecidos registrados en la Asociación. Fracasa nuevamente en su intento. Cada negativa que recibe sirve para alimentar sus recuerdos más tormentosos e imaginar el sufrimiento padecido por Sabah. Su paso por la cárcel le hace entender muy bien el castigo al que debió ser sometido.

A mi me tapaban la vista con una venda. Nunca sabía si quien me torturaba era chií, suní o kurdo. Busco a mis verdugos cada día.

Algunos compañeros de cautiverio sufrieron la amputación de los brazos. Tenían poca comida y no recibían agua de sus captores. Las palizas eran el pan de cada día. Las familias no podían visitarles. Su aislamiento era total.

Ali escribió algunas misivas al nuevo gobierno iraquí pidiéndole que se comprometiera en la búsqueda de los verdugos. No ha recibido ninguna contestación hasta la fecha.

En la prisión pude ver cómo los guardianes degollaban a uno de mis compañeros y le cortaban las falanges de los dedos.

Ali intuye que no encontrará a su hermano, pero visita con frecuencia la asociación para no dar una imagen de abatimiento al resto de sus hermanos y honrar la memoria de sus padres. Sabe que hallar el cadáver solucionará pocas cosas en el presente. Su carácter sensato le dice que lo importante ahora es luchar por consolidar un gobierno estable, tolerante y respaldado por la mayoría. A Ali tampoco le gusta estar sometido a unas fuerzas ocupantes, pero al contrario de gran parte de los chiíes, está convencido de que estallaría una guerra civil si los estadounidenses se marcharan.

Ahora mismo no hay control ni liderazgo por parte de ningún grupo. No tenemos seguridad, pero con el nuevo gobierno las cosas irán a mejor.

Como muchos iraquíes, cree que algunos de los problemas internos del país están alimentados desde el exterior, con el único ánimo de desestabilizar la zona.

Al Qaeda está detrás de muchos atentados contra nuestra propia gente, civiles indefensos o políticos del gobierno de transición. Pero matan nada más que por dinero y para alimentar el odio. Su organización es mafiosa.

En el cementerio de Abu Ghraib, unos 40 kilómetros al oeste de Bagdad, hay 2.000 cadáveres enterrados, 1.500 de ellos sin identificar. Sobre los montículos de arena, una placa oxidada indica un número que ayuda a la localización. Ali y su familia no desisten. Confían en encontrar una pista certera que les conduzca hasta el cuerpo de Sabah.

"Mis padres, antes de morir,
me pidieron que siguiera
la búsqueda."

Hammed Hamaody

Fotografías de los siete hermanos de Hammed, desaparecidos desde 1982.
Todos pasaron por las celdas y los interrogatorios interminables del régimen.

Hameed Hamaody, en la Asociación de Prisioneros Libres
de Beld Degel, junto al retrato de algunos de los desaparecidos.
Doce de sus hermanos fueron detenidos por la dictadura,
siete están muertos y sus cuerpos permanecen desaparecidos.

En 1982, Sadam Husein sufrió un intento de asesinato en Beld Degel, pueblo de mayoría chií opuesta al régimen. En busca de los autores el presidente iraquí ordenó múltiples operaciones contra la población. En total fueron detenidas más de 400 personas, entre las que se contaban 97 familias enteras. Doce miembros de la familia de Hameed Hamaody fueron arrestados. Siete de sus hermanos están muertos y sus cadáveres permanecen desaparecidos. Hoy Hameed, de 42 años, intenta recuperar los cuerpos.

Cuando fueron detenidos, Ahmad, el mayor de los hermanos de Hameed, tenía 30 años; Abass, 26; Moneer, 23; Majeed, 15; Hamdy, 14, y los mellizos Gussy y Laoay, tan sólo 13. Todos pasaron por el calvario de las celdas, los interrogatorios interminables, los castigos ejemplares, el hambre y la sed, las vejaciones y las humillaciones dentro de la impunidad más absoluta.

Una cuñada y su hija, recién nacida, también estuvieron 7 años entre rejas. La pequeña creció en oscuros calabozos, entre goteras y desagües pestilentes, durmiendo en colchones roídos por las ratas y escuchando los gritos de los torturados. Hoy es madre de tres chicas y dos varones. Todos ellos crecen ahora bajo otra autoridad del mismo modo impuesta.

Más de 20 años después de que la policía tirara abajo la puerta de su casa y se llevara a su familia, Hameed continúa detrás del paradero de sus siete hermanos, trabajando en la Asociación de Prisioneros Libres. Está solo a pesar de haber pertenecido a una familia numerosa. Con vida sólo le quedan dos hermanos, uno en Bagdad y otro en Montreal, con el que tiene poco contacto. El padre y la madre de Hameed fueron interrogados y encarcelados. Así pasaron el ocaso de su matrimonio. Fallecieron poco después de salir de prisión.

Cuando ellos perecieron, no sabían que siete de sus hijos estaban muertos. Ellos pensaban que seguían con vida y me pidieron a mí que continuara la búsqueda.

Antes de morir, el padre de Hameed le describió las torturas que a veces duraban varios días. Los verdugos buscaban confesiones a cualquier precio. Preguntaban por los autores materiales e intelectuales del intento de asesinato. Los prisioneros padecían días sin agua, ni comida, ni medicamentos que aliviaran su dolor. Sepultados hasta la barbilla, los reclusos eran golpeados delante de sus familiares. Algunos morían allí mismo, hundidos en la tierra. Indefensos, se apagaban lentamente delante de los suyos.

El padre de Hameed pasó horas en las celdas colgado del techo por un gancho. Boca abajo, sufría las corrientes eléctricas en los lugares más sensibles de su cuerpo.

Ahora la asociación tampoco puede entrar en los centros penitenciarios para garantizar el cumplimiento de los derechos humanos, porque los americanos nos lo impiden.

Sabe que encontrar los cuerpos de sus siete hermanos es una tarea muy complicada pasado tanto tiempo. Después de torturados, muchos disidentes eran trasladados desde los centros penitenciarios al sur del país. En algún lugar del desierto, cerca de la frontera con Arabia Saudí, eran ejecutados.

No hay futuro en la cárcel. Por eso trabajo en la asociación. Trato de ayudar a otras personas que han vivido mi misma experiencia.

Escapó de la redada porque entonces vivía en otro lugar. Era soldado y pasaba poco tiempo en casa. A pesar de pertenecer al ejército no pudo hacer nada para evitar la detención de los suyos. Aquellos días de incertidumbre tuvieron consecuencias irreparables en su vida. Sus compañeros de filas le acusaban de pertenecer a una familia de traidores.

Durante su estancia en el ejército, Hameed trató de liberar a su familia. Tenía sólo 18 años cuando entró a formar parte de la tropa. A causa de sus constantes preguntas al mando fue llevado a la prisión militar. Estuvo ocho meses detenido, en 1983. Nunca consiguió una respuesta.

Su encarcelamiento fue un tormento por los interrogatorios, las torturas y el miedo a la oscuridad provocado por las vendas ensangrentadas que colocaban sobre sus ojos. Puesto en libertad, decidió permanecer en el ejército 8 años más. No tenía otro trabajo ni demasiada elección.

Como soldado participaría 4 años en la guerra contra Irán. Reconoce que no pudo conciliar el sueño durante aquel tiempo. Vivió con el tormento de las acusaciones de sus vecinos, que aseguraban que su familia pertenecía a partidos islámicos chiíes. Hoy Hameed continúa negando este extremo.

El 8 de agosto de 1988 abandonó definitivamente su disciplina. Suspendido el salario, Hameed tuvo que iniciar una nueva vida. Ahora vive sin lujos gracias a su trabajo en la asociación. Hasta su mesa se acercan muchos iraquíes preguntándose no sólo dónde encontrar a sus familiares, sino también cuándo verán las ayudas prometidas por los estadounidenses.

Finalizada la primera Guerra del Golfo, Sadam nos retiró la electricidad dos horas cada día durante dos meses. Un año después de la llegada de los americanos debemos usar generadores casi todo el día para mantener nuestros negocios abiertos.

Los primeros agradecimientos a los estadounidenses por liberarles del dictador se tornan ahora en reclamaciones y exigencias. Desde su llegada no aportaron tecnología ni medios para progresar. Sólo empeoró la situación. Hameed no entiende por qué la misma resistencia, que convierte en un martirio la presencia extranjera en Iraq, no actuó para derrocar a Sadam del poder.

Cuando el gobierno de Husein ordenó la detención de todas estas familias también se apoderó de sus pertenencias, negocios, fábricas o coches. A menudo, Hameed trata de encontrar respuesta en el nuevo gobierno provisional. Al igual que miles de afectados quiere saber cuándo serán devueltos sus escasos bienes.

Algunos días, cuando termina su trabajo en Bagdad, Hameed se acerca a las oficinas de la Asociación de Prisioneros Libres de Beld Degel. Allí observa las fotografías de los desaparecidos, retratos que son la memoria de un pueblo. Cuando acaba de rezar y pedir por sus almas se dirige a la casa de su sobrina, aquella niña que con siete días ingresó en prisión. Hoy sus cinco hijos juegan alegres en el jardín y consuelan las tardes de su tío Hameed.

"La policía se llevó por
la fuerza a once miembros de
mi familia, algunos de ellos
sólo tenían 5 años."

Abdal Zhana Abdalkhawy

Abdal Zhana muestra el documento que acredita su liberación, hace años, de la prisión.
Caído el régimen busca a sus familiares encarcelados y desaparecidos durante la dictadura de Sadam.

Veinte años lleva Abdal Zahna Abdalkhawy tratando de esclarecer el episodio más cruel de sus 61 años de vida: la detención y ejecución de su familia a manos del régimen de Sadam Husein.

Un día de 1982, a la hora de cenar, la policía se llevó por la fuerza a dos de sus hermanos, un cuñado y nueve sobrinos, algunos de ellos sólo tenían 5 años. Todos murieron poco después de su ingreso en la cárcel, en 1983. Sus cuerpos permanecen ocultos en algún lugar del país, enterrados en cualquiera de las decenas de fosas comunes de Iraq.

A la mañana siguiente, Adbal salió de su casa en dirección al trabajo. Antes del mediodía, la policía se presentó en las instalaciones de la depuradora de la ciudad, donde se encargaba del mantenimiento.

Esposado y sin recibir ninguna explicación, los agentes lo introdujeron a golpes en el vehículo. Lo mantuvieron tumbado en el suelo para no ser visto por los peatones, con las manos de sus captores apretándole el cuello para impedir su movilidad. Fue llevado a la comisaría del pueblo, donde lo acosaron hasta el cansancio con las mismas preguntas, para luego enviarlo a la prisión de Abu Ghraib, donde pasaría los 5 peores años de su vida. Condenado a cadena perpetua, una amnistía decretada por Sadam le permitió recobrar la libertad.

Al finalizar la toma de Bagdad por las tropas estadounidenses, Abdal logró ver la lista de ejecutados durante la dictadura. El caos reinante en el país fue aprovechado por muchos para acceder a esos informes, que durante el régimen de Husein estuvieron ocultos en los despachos del ministerio de Información. En su huida apresurada los guardianes no pudieron quemarlos al ser derrocado el sistema.

Dos décadas lleva Abdal preguntando a todo aquel que pudiera ofrecerle una pista sobre el paradero de su familia. Primero, desde la clandestinidad del régimen; más tarde, amparado por la Asociación de Prisioneros Libres, en la que se informa a los supervivientes sobre las novedades con respecto a sus muertos.

La asociación ya no trabaja en secreto como en la época de Husein, aunque tampoco cuenta con las ayudas que esperaba de los estadounidenses. Khald Ahmeed Abdal Ameer, director de la Asociación de Prisioneros Libres, tiene víctimas de la represión entre la familia, como todos los habitantes de Beld Degel; cinco hermanos fueron asesinados.

Todos los miembros de la asociación sufrieron algún tipo de persecución y por eso están muy implicados en el proyecto. Oficialmente, las personas del pueblo ejecutadas por la dictadura ascienden a 374, a los que se añaden 2.160 en todo Iraq. En Beld Degel hay familias que contabilizan varias decenas de desaparecidos entre padres, primos, hermanos o cuñados. Muchos están enterrados en el sur, en el desierto cercano a Arabia Saudí.

Abdal acude cada día a una de las sedes de la asociación. En la sala de reuniones fuma y espera pacientemente el paso de las horas, confiado en recibir datos que le conduzcan a los cuerpos de sus familiares. En un bolsillo lleva siempre una carta del ministerio iraquí. En la parte inferior de la misiva se ve la firma del propio Sadam Husein. Documentos oficiales parecidos dan fe del horror vivido por miles de iraquíes. Algunos de los miembros de su familia están inscritos en esa lista. En ella el presidente autorizaba de su puño y letra su ejecución en septiembre de 1983. Veinticinco miembros de diferentes familias, todas de Beld Degel, fueron asesinados como presuntos integrantes de una conspiración contra Sadam, después de soportar durante meses el tormento de las cárceles. Abdal conoce muy bien las prisiones. De 1982 a 1987 estuvo cautivo en Abu Ghraib, condenado a las torturas.

Los centinelas nos colgaban del techo boca abajo, en medio de la galería, para que otros reclusos nos vieran padecer. Entonces nos clavaban agujas de coser por debajo de las uñas.

A muchos el dolor les hacía desfallecer. En la cárcel, Abdal fue testigo del sufrimiento de uno de sus sobrinos al que engancharon del techo por las muñecas. Pasadas unas horas, los guardianes prendieron fuego con un periódico y se lo extendieron por todo el pecho. Abdal aún no se explica cómo pudo resistirlo. Cree ser fuerte y ha rezado mucho. En los calabozos mantuvo contacto con algunos de sus familiares mediante cartas que viajaban por los pasillos gracias a la colaboración de los reclusos. No pudo ver el cadáver de ninguno.

Tal vez los trasladaran. Hablan por ahí que eran ejecutados muy lejos de Bagdad, al sur. Pero eso no lo sabe nadie con certeza. Sus cuerpos estarán donde disponga Alá y a mi Dios le rezo todos los días por sus almas.

Desde el derrocamiento de la dictadura, se han descubierto muchas fosas comunes en Iraq. Abdal las visita para comprobar si bajo uno de esos montículos, distribuidos anárquicamente en descampados o cementerios, está el cuerpo de algún miembro de la familia. Hasta la fecha no ha tenido suerte.

Nunca olvidaré a mi familia. Ni de noche ni de día. Llevo 20 años detrás de sus cadáveres y, si Alá me da fuerzas, otros 20 años más continuará mi búsqueda.

"La vida era relativamente fácil."

General Alaldeen Kameel

El general Kameel, en el jardín de su casa situada muy cerca de la zona verde.
Su mujer habla por teléfono vía satélite con su familia en el extranjero.

Alaldeen Kameel es suní, tiene 51 años y es padre de tres hijos. Desde
la caída del régimen sufre un sobrepeso ocasionado por la inactividad y
su dejadez. La nueva situación política de Iraq tiene desprotegido a este
viejo general del régimen, quien fuera hombre de confianza de Sadam y cargo
destacado del departamento de política del ministerio de Información.

Su madre es prima hermana del exdictador. Durante años la mujer ejerció
una notable influencia sobre el gobernante. Cuando los problemas acechaban
a Alaldeen, su madre descolgaba el teléfono y conversaba directamente
con Sadam, reclamando su auxilio y clemencia.

Alaldeen vive en una lujosa casa del adinerado barrio de Alermook, una
zona residencial cerca de la sede de la Autoridad Provisional. Los cristales
retumban a diario por los ataques al cercano cuartel aliado. La residencia,
que comparte con toda su familia, es de su padre, también oficial. Entre
sus vecinos se encuentran destacados miembros del consejo iraquí.

Su privilegiada posición social se vino abajo con la llegada de los
estadounidenses. No tiene trabajo ni un salario mensual. En la actualidad
vive de las rentas y de unos pocos ahorros, por eso, muy a su pesar,
afirma que medita regresar a la tropa, aunque sea bajo el nuevo mando.

Su situación actual no es más que la consecuencia de 13 años de
dificultades. Un país bloqueado económicamente desde la primera
Guerra del Golfo. Un período de entreguerras con salarios dignos para
los oficiales del ejército, pero de apuros para la mayoría de la población.
Las precarias economías domésticas soportaron los costes de las derrotas
militares. La armada era uno de los pocos motores financieros del país;
creaba puestos de trabajo y otorgaba una cierta estabilidad laboral.
Para Alaldeen, con Sadam se vivía mejor.

La vida era relativamente fácil. Teníamos dinero, empleo. Los
salarios no fueron nunca espectaculares, pero salíamos del paso.

Quienes no comulgaban con las ideas de Sadam Husein terminaban
en las celdas. Alaldeen Kameel perseguía a los insurrectos y ordenaba su
ingreso en prisión. Desde su despacho en el ministerio de Información
firmó la detención de miles de opositores de la dictadura. Muchos de ellos
nunca recobrarían la libertad.

Con la invasión americana tenemos más libertad, pero menos seguridad que antes. Nos cierran periódicos y si alguien se manifiesta en contra de las tropas acaba en prisión.

En 1994, perturbado por sus derrotas en la guerra de Irán y Kuwait, Sadam Husein impulsó un cambio en sus fuerzas armadas y en los estamentos gubernamentales. Ordenó el cese de los ministros y altos mandos militares que no guardaran una línea física acorde a la nueva imagen que quería mostrar a la población. La medida no fue más que la prolongación de la ya tomada en 1988, al finalizar los 8 años de contienda contra Irán. Entonces, exigía higiene y limpieza a sus hombres de confianza. Muchos militares fueron destituidos.

Alaldeen siempre tuvo problemas con su peso. A menudo sobrepasaba los límites permitidos. La víspera de subirse a la balanza, con 131 kilos, su madre telefoneó al presidente para eximirle de pasar por el bochorno de comprobar su sobrepeso. Desde entonces, año tras año, el general pasó por alto las pruebas físicas mientras sus compañeros sufrían concienzudos chequeos médicos.

Yo ascendí paso a paso trabajando en todos los escalafones, no por ser familia de Sadam.

Su hermano mayor fue detenido en 1981 y encarcelado durante 18 años en prisiones iraníes. Después, combatieron juntos en dos ocasiones a las fuerzas estadounidenses.

La desproporción entre la guerra de Kuwait y la de Iraq es muy grande. En 1991 teníamos muchos soldados. Ahora sólo 100.000 hombres, hambrientos y mal armados, a causa del bloqueo.

Durante ese período no llegaron avances tecnológicos y la industria armamentística se estancó. 5.500 tanques participaron en la invasión de Kuwait, sólo 1.000 defendieron Iraq de los estadounidenses; 250 misiles se usaron para ocupar el vecino país en la primera Guerra del Golfo, sólo 10 protegieron posiciones en 2003.

Cuando llegaron los tanques estadounidenses, los soldados se refugiaron en sus casas. Tenían miedo de ser víctimas de una bomba atómica como en Japón. Usaron una bomba de pequeña escala para tomar el aeropuerto. La resistencia allí fue muy importante y los dos bandos contabilizaron un número significativo de bajas.

Derrocado el régimen, el futuro se presentaba incierto para Alaldeen, que goza de una cierta solvencia monetaria, pero tiene enemigos por todo el país. Muchas familias sufrieron su persecución y perdieron miembros para siempre.

Desmoronado el sistema, temió la traición de su gente. Durante meses, permaneció escondido en su residencia de Alermook, lejos de las sospechas de los soldados aliados. Pasado el tiempo, sonríe y alardea al comprobar que sus vecinos no lo delataron a las tropas invasoras. Sus compañeros del ministerio y algunos amigos le ayudaron para no ser detenido.

Los vecinos de este barrio escribieron cartas a los americanos diciendo que soy buena persona y que traté de ayudar a la gente.

Como otros militantes del antiguo régimen, Alaldeen olvida rápido las arbitrariedades, los miles de encarcelados durante la represión, los cientos de desaparecidos y muertos enterrados en fosas comunes. Muchos de ellos fueron enviados previamente a la cárcel con órdenes irrevocables, algunas firmadas por él mismo.

El general asegura que el nuevo gobierno quiere recuperarle para las Fuerzas Armadas, y que semanalmente envía emisarios a su casa. Confía en la resistencia para minar la presencia de soldados en el país. Cuando la victoria definitiva llegue, sacará del armario su uniforme del ejército iraquí.

Los americanos están aquí ahora, pero algún día regresarán y dejarán Iraq libre. No sé cuándo llegará esa fecha, hasta entonces muchos morirán aquí.

El general se despide y se sienta en una vieja mecedora en su jardín. Allí reposará su sobrepeso y soñará con historias distorsionadas de la realidad.

"Te llamaban para combatir
y no tenías elección."

Adnan Abdalla

Adnan, en su silla de ruedas, se enorgullece de los títulos deportivos alcanzados jugando
al tenis de mesa. Perdió sus dos piernas en la guerra contra Irán.

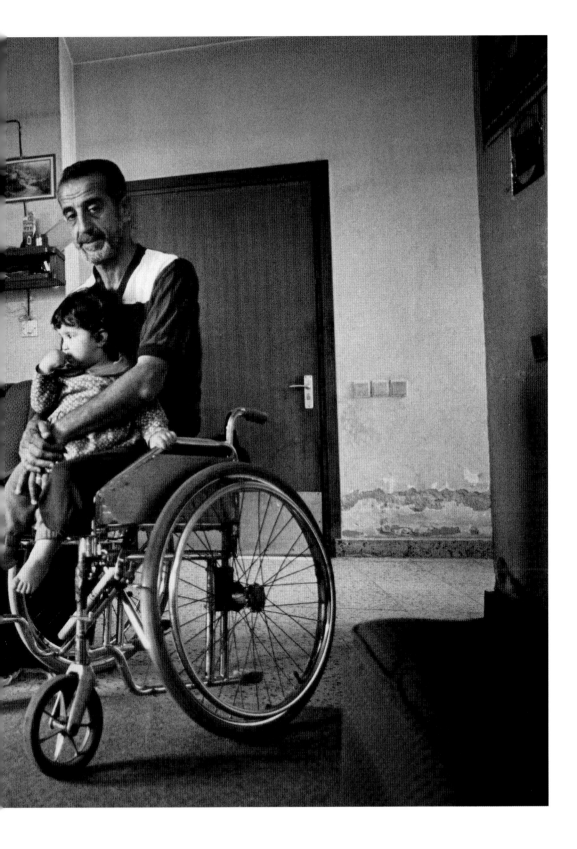

Adnan no tiene piernas. Su vida está ligada a una silla de ruedas desde 1988, cuando un mortero destrozó su cuerpo de cintura hacia abajo en pleno desierto iraní. A sus 45 años vive hoy en Al Thura, un lugar para excombatientes de las guerras de Kuwait e Irán. Paga alquiler por una de las 150 casas construidas por el gobierno iraquí y goza de una pensión vitalicia, ahora en peligro, tras la caída del régimen.

Su condición de kurdo le genera aún tremendas paradojas. Está inválido de por vida por defender al tirano que oprimió a su pueblo, que gaseó ciudades y provocó la diáspora de sus hermanos ante la pasividad internacional.

Aquellos eran otros tiempos. Te llamaban para combatir y no teníamos elección. Además, defendíamos a nuestro país.

Cuando vio las consecuencias del ataque con gas a Halabja, al sur del Kurdistán libre, en 1988, sus esquemas se vinieron abajo. Unos 5.000 civiles, la mayoría de ellos mujeres, ancianos y niños, fueron asesinados. Adnan nació en Bagdad. Al terminar sus estudios en la escuela su única alternativa era incorporarse al ejército o escapar al Kurdistán, por aquella época inestable y sin la autonomía que tiene hoy en día. Obligado, sirvió durante un año y medio, pero también sacó tiempo para estudiar física.

Durante su época universitaria se convirtió en un personaje popular gracias a sus éxitos en el tenis de mesa. De la gloria de aquellos tiempos sólo le quedan las medallas colgadas en el salón de su casa. A pesar de su invalidez siguió consiguiendo logros deportivos. Obtuvo varias medallas en competiciones internacionales del deporte para discapacitados. Ahora entrena a diario en solitario, en una vieja mesa del polideportivo del lugar.

En 1990 gané una medalla en Holanda, formando parte del equipo iraquí. También en Gran Bretaña conseguí un metal; otros dos en Ammán y uno más aquí en Bagdad.

Adnan sostiene en brazos a la menor de sus hijas y muestra algunas fotos conmemorativas de sus proezas deportivas. Ahora todos sus esfuerzos se centran en sacar adelante a su familia: su mujer, Lilia, de 32 años, con quien contrajo matrimonio en 1995, y tres hijos, Ahmad, Maram y Aicha.

Su prioridad es conseguir un buen trabajo, que sólo obtendrá cuando recupere la movilidad total. Para lograrlo tiene que adquirir dos prótesis para sus piernas. Desde 1988 se acerca, casi a diario, a las oficinas de Al Thura a exigir un empleo. La respuesta es siempre negativa, pues argumentan que ya tiene una pensión. Su sueño consiste en encontrar un trabajo relacionado con el mundo del deporte, su pasión y lo que más conoce.

Está convencido de que con el empleo también vendrán el coche nuevo y una vivienda mejor. El estruendo de las bombas en el cercano aeropuerto hace que los cristales de las ventanas se rompan a menudo. Las paredes y los techos de la vivienda están agrietados. Sus hijos no están seguros.

La situación en la que está inmerso el país me hace ser pesimista.

Caído el tirano, las comparaciones son inevitables. El viejo régimen cambiaba gratuitamente las sillas de ruedas con cierta regularidad, hoy ya no es así. Pero a Adnan lo que más le preocupa es no perder su pensión vitalicia como lisiado de guerra.

Sadam ayudaba con dinero y comida. El pago de este alquiler era casi testimonial, ahora creemos que vamos a perderlo todo.

Todas las casas de Al Thura están ocupadas por los excombatientes y sus familias. Como este espacio hay varios en todo Bagdad, pero el cambio de poder ha dejado su futuro en el aire. Cuando el soldado muere, la familia tiene un plazo de seis meses para abandonar las instalaciones. Los hijos se quedan sin un techo, sin pensión y sin ayuda estatal.

Cronología

La historia reciente de Iraq ha estado marcada por los conflictos, dentro y fuera de sus fronteras, el sometimiento de su pueblo a un gobierno, primero dictatorial y luego ilegítimo, y los intereses de los demás países que han visto en él un punto clave para la economía mundial. El valor estratégico de Iraq no sólo se debe a sus grandes reservas de petróleo, las más importantes después de Arabia Saudí, sino a su ubicación privilegiada que permite a gobiernos como el estadounidense dar seguimiento a Oriente Medio, Irán y Afganistán.

Los años comprendidos entre el inicio de la dictadura de Sadam Husein y la influencia estadounidense en la oposición están marcados por hechos significativos que han sido la antesala de lo que hoy acontece en un país enfrentado y empobrecido, que fuese escenario de una de las cunas de la civilización y el centro del Imperio islámico en la Edad Media.

Husein, miembro del partido laico Baaz (Resurgimiento), llegó al poder en 1979. En 1980, ante la inquietud por la revolución islámica y apoyado por algunos de sus vecinos, se lanzó a la guerra contra Irán, que al cabo de ocho años dejó centenares de miles de muertos, lisiados y prisioneros, muchos de los cuales aún permanecen detenidos. Mientras os jóvenes sin más alternativa que ingresar a las filas militares morían en la guerra, el gobierno de Husein arremetía contra las minorías kurda y chiíta. Más de 5.000 kurdos murieron a manos del régimen en 1988, y más de dos millones huyeron hacia Turquía e Irán entre ese año y 1991.

Sin acabar de reponerse de los estragos de la guerra contra Irán, y tras las diferencias sobre la explotación del petróleo en la zona, el gobierno iraquí ocupó Kuwait desde agosto de 1990 hasta marzo de 1991, cuando fue desalojado por Estados Unidos y una alianza de 31 países. Al terminar la guerra del Golfo los aliados dejaron a Husein en el poder, buscando mantener un contrapeso a Irán en la región, pero sometido a las inspecciones de la ONU encargadas de destruir sus armas químicas, biológicas y proyectos nucleares.

El embargo comercial, financiero y militar contra Iraq, adoptado por la ONU el 2 de agosto de 1990, fue duramente criticado por Bagdad y por países como Cuba y Yemen, pues se alegaba que castigaban al pueblo y no al gobierno iraquí. Con el fin de aliviar el sufrimiento de los iraquíes debido a las sanciones, se puso en marcha en 1996 el programa «petróleo por alimentos», un plan que permitiría a Iraq comprar comida, medicamentos y material para infraestructura con los ingresos obtenidos por ventas de petróleo.

Cada seis meses las resoluciones de la ONU ordenaban los aumentos o reducciones de la suma de las exportaciones de petróleo. Mientras tanto, el gobierno estadounidense continuaba apoyando a la oposición iraquí. En octubre de 1998 el congreso de Estados Unidos adoptó el Acto de Liberación de Iraq con el que buscaba desestabilizar al presidente Sadam Husein mediante la concesión de 97 millones de dólares destinados a la oposición, conformada entre otros por los partidos kurdos.

En el discurso anual del 29 de enero de 2000, el presidente George W. Bush declaró que Iraq, Irán y Corea del Norte constituían el «eje del mal, armado para amenazar la paz del mundo». Ocho meses después, en la Asamblea General de la ONU, el presidente Bush pronunciaba otro discurso en el que advertía a Sadam Husein que retirara o destruyera inmediatamente y sin condiciones todas sus armas de destrucción masiva e instaba a la ONU a formular una nueva resolución a fin de obtener el desarme de Iraq. El 27 de enero de 2003, después de dos meses de inspección, se presentaron frente al Consejo de seguridad los informes de los inspectores en desarme, Hans Blix, Presidente de la Comisión de control, verificación e inspección de la ONU, y Mohamed El Baradei, responsable de la Agencia internacional de la energía atómica.

Alemania, Francia y Rusia adoptaron una declaración común en la que apelaban a más inspecciones con el fin de proporcionar todas las oportunidades para el desarme de Iraq en paz. El 15 de febrero, más de diez millones de personas, principalmente en Europa, se manifestaron contra la guerra en Iraq. Pero la guerra contra el terrorismo, creada tras los atentados del 11 de septiembre, protagonizaba cientos de titulares alimentando el miedo en la población orquestado por los gobiernos de George Bush y Tony Blair. El argumento de la amenaza que suponía Iraq y sus armas de destrucción masiva para el «mundo civilizado» convenció a buena parte de la opinión estadounidense y a gobiernos de países como Italia y España, que apoyaron el recurso de la fuerza contra Iraq en marzo de 2003.

El 17 de marzo, en su discurso a la nación, Bush afirmó que el Consejo de seguridad de la ONU no había estado a la altura de sus responsabilidades y lanzó un ultimátum (rechazado por Sadam Husein) para que abandonara el país en las siguientes 48 horas, con la amenaza de exponerse a una guerra. Éste fue rechazado por el gobierno iraquí. Tres días después se iniciaron los bombardeos estadounidenses sobre Bagdad.

El 1 de mayo, seis semanas después del comienzo de la guerra, George W. Bush anunció que las operaciones militares terminaban, pero advertía que la tarea sería difícil en el país y que la guerra contra el terrorismo continuaría. El 13 de julio se instauró el Consejo de Gobierno transitorio iraquí que debería estudiar las distintas modalidades posibles para la presidencia, establecer un programa de acción para relanzar la economía, restaurar la seguridad y, a medio plazo, preparar una Constitución y organizar las elecciones. El 13 de diciembre Husein fue capturado en Tikrit.

El 8 de marzo de 2004 se adoptó la nueva Constitución provisional iraquí que debía regir el país durante el período de transición, hasta las elecciones generales. El 28 de junio, en medio de un clima de violencia, el administrador estadounidense Paul Bremer transfirió oficialmente el poder al gobierno provisional iraquí, dirigido por Iyad Allaoui. El 30 del mismo mes, Sadam Husein y once dirigentes del antiguo régimen fueron entregados a la autoridad jurídica iraquí, pero permanecieron bajo la vigilancia de la fuerza multinacional dirigida por Estados Unidos.

El 30 de enero de 2005, a pesar de los atentados suicidas y los ataques que dejaron más de 40 muertos, catorce millones de iraquíes fueron llamados a participar en las primeras elecciones legislativas desde 1953, en las que se presentaron varios partidos. En octubre, hubo un referéndun del que surgió el actual parlamento. 2005 fue un año convulso, caracterizado por las retenciones de diplomáticos y periodistas extranjeros, y por los actos de violencia en todo el país, en el que las principales víctimas fueron civiles.

Al cumplirse tres años de la invasión, Iraq se desangra en un conflicto interno que los invasores fueron incapaces de prever. Se calcula que han muerto entre 33.000 y 38.000 civiles, además de más de 2.300 soldados estadounidenses y 200 militares más de otros países. Mientras los dirigentes iraquíes intentan dotar a su país de instituciones estables para evitar la guerra civil, el país aparece como un escenario de violencia generalizada y su sociedad como un pueblo abatido, incapaz de recobrar la calma.

Marcela Ospina

Abel Ruiz de León

Fotógrafo y periodista independiente (Sevilla, 1973)

Comenzó su labor profesional en 1993 como redactor de Antena 3 Radio en Andalucía. El medio radiofónico ocupó sus primeros años de ejercicio periodístico. Posteriormente fue editor de informativos en las emisoras de Onda Cero Radio de Zamora, Salamanca y Sevilla. En la prensa escrita fue responsable de cierre y de tribunales en el diario *El Adelanto de Salamanca*, del Grupo Zeta.

Como enviado especial cubrió en calidad de periodista independiente la guerra civil afgana durante el período talibán (1997). Se convirtió así en uno de los pocos periodistas y reporteros gráficos que trabajó en ese país durante aquel régimen fundamentalista. Colaboró para la revista *Cambio 16* desde escenarios y conflictos como Albania, Kosovo, la intifada palestina o Macedonia. Durante algún tiempo trabajó para la agencia ICAL en lugares como Afganistán o el Kurdistán turco, desde donde cubrió en un primer momento la invasión sobre el régimen de Bagdad.

En la actualidad colabora con la Cadena Ser. Entre otras cosas, ha informado desde diferentes lugares sobre la guerra y la posguerra de Iraq, o los cambios políticos más recientes en el vecino Irán. Además, trabaja como fotógrafo independiente para la Agencia EFE y European Pressphoto Agency (EPA). Sus imágenes y reportajes se publican en los más importantes medios nacionales y periódicos o revistas extranjeros, como *Newsweek, Times, The New York Times* o *Stern*.

También ha colaborado eventualmente con CNN+, así como con diversos medios hispanos de Estados Unidos y latinoamericanos como Radio Caracol. Habitualmente muestra sus trabajos gráficos en exposiciones y es autor del libro *Kosovo: venganza en la tierra de los cuervos*, 4 años de trabajo en los convulsos Balcanes, editado en 2001.

Regularmente ofrece conferencias sobre periodismo y reportaje gráfico en diversos foros nacionales, especialmente en talleres y cursos de verano para estudiantes organizados por universidades y diferentes organizaciones profesionales.